LEVEL DESIGN NO DESENVOLVIMENTO DE GAMES

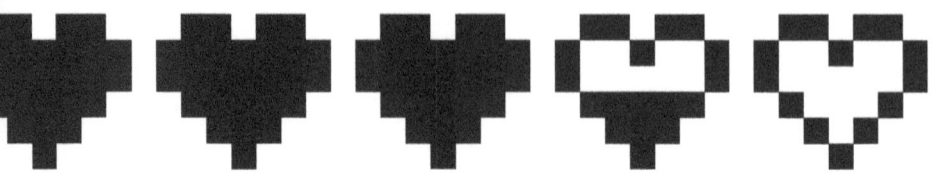

 Os livros dedicados à área de *design* têm projetos que reproduzem o visual de movimentos históricos. Neste módulo, as aberturas de partes e capítulos com *letterings* **e gráficos pixelizados simulam a era dos jogos da década de 1980, que se tornaram febre nos fliperamas e** levaram à popularização dos consoles domésticos.

LEVEL DESIGN NO DESENVOLVIMENTO DE GAMES

Leandro da Conceição Cardoso

Rua Clara Vendramin, 58 . Mossunguê . CEP 81200-170 . Curitiba . PR . Brasil
Fone: (41) 2106-4170 . www.intersaberes.com . editora@intersaberes.com

Conselho editorial
Dr. Alexandre Coutinho Pagliarini
Drª. Elena Godoy
Dr. Neri dos Santos
Mª. Maria Lúcia Prado Sabatella

Editora-chefe
Lindsay Azambuja

Gerente editorial
Ariadne Nunes Wenger

Assistente editorial
Daniela Viroli Pereira Pinto

Edição de texto
Floresval Nunes Moreira Junior
Monique Francis Fagundes Gonçalves
Letra & Língua Ltda. – ME
Camila Rosa

Capa
Luana Machado Amaro (*design*)
Guru 3D/Shutterstock (imagem)

Projeto gráfico
Bruno Palma e Silva

Diagramação
Laís Galvão

***Designer* responsável**
Luana Machado Amaro

Iconografia
Regina Claudia Cruz Prestes
Sandra Lopis da Silveira

Dados Internacionais de Catalogação na Publicação (CIP)
(Câmara Brasileira do Livro, SP, Brasil)

Cardoso, Leandro da Conceição
    Level design no desenvolvimento de games/Leandro Conceição Cardoso. – Curitiba, PR: Editora Intersaberes, 2023.

    Bibliografia.
    ISBN 978-85-227-0386-9

    1. Jogos eletrônicos – Desenvolvimento 2. Jogos para computador – Desenvolvimento I. Título.

22-140589   CDD-794.8

Índices para catálogo sistemático:
1. Level design 794.8

Eliete Marques da Silva – Bibliotecária – CRB-8/9380

1ª edição, 2023.
Foi feito o depósito legal.
Informamos que é de inteira responsabilidade do autor a emissão de conceitos.
Nenhuma parte desta publicação poderá ser reproduzida por qualquer meio ou forma sem a prévia autorização da Editora InterSaberes.
A violação dos direitos autorais é crime estabelecido na Lei n. 9.610/1998 e punido pelo art. 184 do Código Penal.

sumário

Apresentação 8

1 **Introdução ao *level design*** 14
　1.1　O profissional *level designer* 16
　1.2　Clássicos do *level design* 19
　1.3　História do jogo em níveis 23

2 **Níveis** 54
　2.1　O que é interatividade? 56
　2.2　Aspectos da imersão 64
　2.3　Jogabilidade (*gameplay*) 71
　2.4　Fluxo do jogo (*gameflow*) 85

3 **Interfaces para *games*** 90
　3.1　O que é interface para *games*? 92
　3.2　Entradas e saídas de informação 94
　3.3　*Design* centrado no jogador 98
　3.4　Informações e ações das interfaces para *games* 100
　3.5　Tipologias das interfaces para *games* 103
　3.6　Interfaces visuais segundo as plataformas para *games* 108
　3.7　*Feedback* de interação nas interfaces para *games* 117

4 **Level design e games mobile** 128

    4.1 Características básicas dos *games* 129

    4.2 Definição de motores de jogos 139

    4.3 Desempenho, tamanho de telas e distribuição de *games mobile* 149

5 **Técnicas avançadas de *level design* e gamificação** 162

    5.1 *Level design* e GeoGebra 168

    5.2 Scratch e *level design* 173

    5.3 *Level design* avançado com Scratch 183

6 **Desenvolvimento de ambientes** 194

    6.1 *Design* de ambientes para os jogos 195

    6.2 Desenvolvimento de *design* de ambientes para os jogos 203

    6.3 Processos de modelagem dos elementos do *design* de ambientes 214

    6.4 Movimentação de personagens no ambiente para jogos 221

    6.5 Definição das fases de um jogo 230

Considerações finais 234
Referências 238
Sobre o autor 244

apresentação

O *level design*, ou *design* de níveis, interliga vários assuntos da criação de *games*, tais jogos executados em dispositivos móveis, como *smartphone* e *tablets*, o que possibilita a análise de como ocorre o desenvolvimento e o *level design* de jogos em diversas plataformas. Nesta obra, você poderá consolidar seus conhecimentos fundamentais sobre o desenvolvimento de *level design* em diversas plataformas.

Os *games* atuais são multiplataformas, e os que ainda não são estão em adaptação para os dispositivos móveis, a fim de não perderem mercado, sendo importante que seja executada a adaptação do *level design*. Tendo em vista que a experiência de jogar o mesmo *game* em plataformas diferentes não é igual, é necessário planejar o conforto do jogador no momento em que está executando o jogo, por exemplo, para jogos de longa duração.

Vamos compreender, aqui, as características e as ferramentas fundamentais do desenvolvimento de *level design* em diferentes plataformas, como para *games mobile*, que, alinhados aos recursos tecnológicos dos dispositivos móveis, resultam em jogos com níveis, ou seja, com mudança de fases atrativas. Desse modo, os *games* de consoles, computadores, *notebooks*, *smart TVs*, ou seja, de plataforma fixa que ainda não se adaptaram buscam essa adaptação. É evidente a importância do conhecimento dos assuntos aqui abordados, pois tanto o mercado de *games* quanto de dispositivos móveis, como *tablets* e *smartphones*, por muito tempo continuarão sendo promissores.

Nos capítulos desta obra, apresentaremos uma introdução ao *level design*, o profissional *level designer*, os clássicos do *level design*, a história do jogo em níveis, os objetivos e as metas, a duração e a quantidade de níveis, as relações entre os níveis e a progressão da dificuldade. Além disso, abordaremos os assuntos sobre intervalos de tempo do *game*, os editores de níveis, o *game design document*, os conceitos fundamentais para o *design* de níveis e de interatividade, os aspectos da imersão, a jogabilidade (*gameplay*) e o fluxo do jogo (*gameflow*).

Gorodenkoff/Shutterstock

CAPÍTULO 1

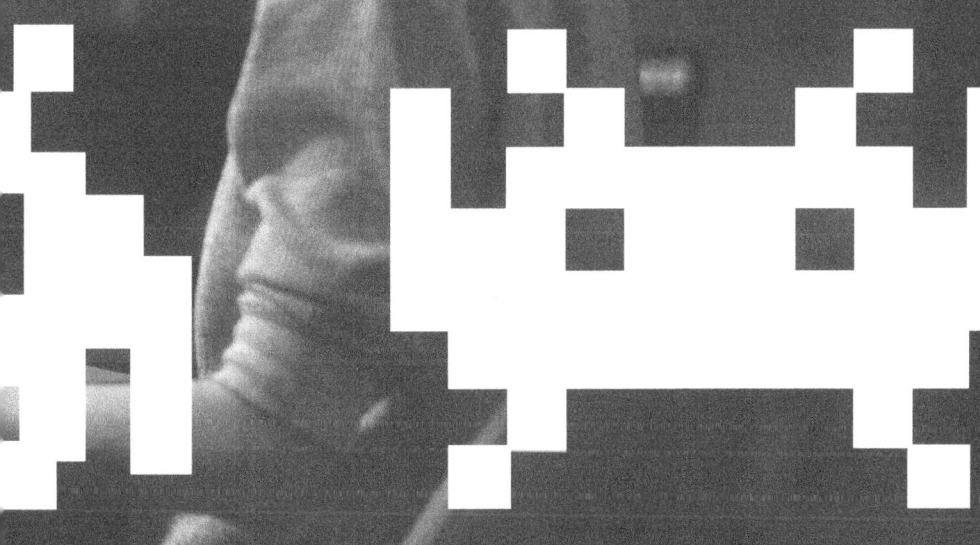

INTRODUÇÃO AO *LEVEL DESIGN*

Neste capítulo, vamos tratar dos principais conceitos e processos técnicos do *level design*, a partir das reais necessidades para formação do profissional no setor. Abordaremos a percepção de jogo digital em duas diferentes representações experienciais relacionadas à mensagem do *game* e às tomadas de decisões. Analisaremos como exemplos os clássicos jogos Pac-Man (1980) e Super Mario Bros (1985), como pioneiros protagonistas na elaboração do design de níveis.

Na sequência, iniciaremos a jornada de análise de produção dos níveis pelo entendimento de técnicas narrativas *Storyline, World Building* e Três Atos, que contribuem para a elaboração de representações visuais e narrativas, a fim de se contar uma história a partir de níveis. Diante de um exercício de planejamento de ambientes, decuparemos o mapa mental com a compreensão de objetivos e metas que são exemplificadas nas missões das séries Grand Theft Auto (GTA): Chinatown Wars e V (2009 e 2013), entre outros.

Também vamos analisar as características fundamentais do *level design*, segundo Jeannie Novak (2010), as quais envolvem a duração, a quantidade, as relações entre os níveis, a progressão da dificuldade e os intervalos de tempo do *game*. Identificaremos as ferramentas para realizar o desenho de níveis, com a listagem de seis principais editores disponíveis no mercado, com exemplificação gráfica e conceitual. Por fim, para este estudo, seguiremos a referência de fundamentos de diferentes autores, de modo a facilitar a compreensão e o uso da documentação de um *Game Design Document* (GDD).

1.1 O profissional *level designer*

Para desenvolvimento de um jogo digital, é necessário ter uma equipe composta por artistas, especialistas em *softwares*, técnicos de som, entre outros profissionais. Especificamente neste livro, vamos abordar o profissional *level designer*, que compõe a equipe de *game design*. Neste capítulo, trataremos do desenho de níveis, área responsável por elaborar estudos para criação e documentação de cada fase de um jogo digital.

De modo geral, o *level designer* cria a divisão da estrutura básica de um jogo digital, o que inclui a criação e o mapeamento de ambientes, cenários ou missões e a experiência do jogador, muitas vezes confundida com as atribuições do modelador digital e/ou do programador de *games*. De acordo com Novak (2010, p. 213), "há quem acredite que os designers de níveis são membros das equipes de arte e dedicam-se basicamente à modelagem tridimensional. Outros acreditam que os designers de níveis são programadores e concentram-se basicamente na programação dos eventos do *game*".

Com base nessa afirmação, é importante esclarecer que, para o desenvolvimento de um jogo digital, é preciso formar uma equipe enxuta, com um diretor, produtor ou gerente; uma equipe de programação (com um ou dois integrantes); uma equipe de *design* (com um, dois ou três integrantes) e uma equipe de arte (também com um ou dois integrantes).

O *level design* compõe a equipe de *design* do projeto de um jogo digital, sendo responsável pela condução do jogador e envolvendo inimigos, obstáculos e desafios durante toda a sua jornada. "Os designers de níveis criam mapas no papel, criam mundos 'caixa cinza' usando programas de 3D e povoam os níveis com tudo, desde inimigos até tesouros" (Rogers, 2013, p. 38). Os designers de jogos, inicialmente, recebem do diretor, do produtor ou do gerente as seguintes informações: público-alvo, tecnologia, tema geral e, em alguns casos, os *sets* da mecânica de desenvolvimento.

Segundo Byrne (2004), o principal objetivo desse profissional é a aplicação prática das ideias da equipe de desenvolvedores, as quais correspondem a desafios e recompensas, de modo a estimular o jogador. Para tanto, são projetadas as fases do jogo. Cada fase tem uma arquitetura que relaciona elementos para diversão e níveis de dificuldade especialmente elaborados para levar o jogador a tomar decisões.

Para iniciarmos esta jornada de aprendizado pelo universo do *level design*, faremos uma reflexão com o intuito de acionar nossa memória com relação às nossas experiências com os jogos digitais. A descrição da experiência enquanto jogador pode ser algo como: "Meu bárbaro de nível sete apareceu no ponto de início da fase e selecionei minha espada de duas mãos de lâmina dupla. Ouvi a porta adiante de mim ranger e abrir, então fui em frente. Em poucos segundos, duas aranhas gigantes pularam pela porta e aproximaram-se de mim" (Schuytema, 2008, p. 4).

Essa citação é uma descrição do autor sobre a sugestão de exercício de se jogar uma partida de um jogo por cinco minutos e depois realizar uma descrição em papel. O objetivo é compreender o processo de experiência em um jogo. Em um segundo momento, após um sucinto relato, Schuytema (2008) descreve a mesma experiência com a pormenorização dos comandos de interação e interface de *hardware* utilizados:

Quadro 1.1 – **Exemplo de experiência em jogo digital**

Mensagem do game	Decisão
Início de fase em uma caverna escura e horripilante.	Armei o avatar com espada de duas mãos.
Som de uma porta rangendo para abrir.	Armei o avatar com espada de duas mãos.
Duas aranhas investindo para atacar.	Já que não consigo matar as duas simplesmente parado ali (sem uma tonelada de dados), recuo e balanço minha espada para matar a primeira aranha.

Fonte: Schuytema, 2008.

O mesmo jogo pode ser analisado, nesse caso, em duas diferentes representações experienciais: uma relacionada à mensagem do *game* (o que aparece na tela) e outra às decisões tomadas a partir da mensagem. Observe uma exemplificação de Schuytema (2008, p. 4):

> Apertei o botão "Start" para escolher os utensílios, usei meu dedão para escolher a espada de duas mãos de lâmina dupla e apertei o botão triângulo para entrar novamente no game. Movi o joystick analógico esquerdo com o dedão. Depois, bati no *joystick* direito para recuar e apertei o botão X com o dedão direito várias vezes. A seguir, apertei o botão triângulo e segurei-o, depois o soltei e rapidamente apertei o botão X duas vezes.

É fundamental que o profissional de *level design* tenha bom senso de representação da experiência, ou seja, da prospecção de ações entre o jogador (usuário) e o jogo digital (máquina), bem como entre os personagens no ambiente. É importante exercitar a reflexão de planejamento a partir de questões como: O personagem vai pular? Vai correr? Vai escalar paredes? Como os inimigos serão derrotados? Como as gravidades na terra, no ar e na água em um jogo digital vão afetar os jogadores? Essas, entre outras questões, fazem parte da "mecânica", isto é, das representações da experiência de *gameplay* do jogo. Nesse sentido, podemos observar os primeiros jogos comerciais, pensar e aplicar o *level design* na prática, a fim de analisar os mecanismos que permitem ao jogador a experiência ou de abandono ou de estímulo de uma partida.

1.2 Clássicos do *level design*

Alguns dos jogos desenvolvidos na década de 1980, como Pac-Man (Namco, 1980) e Super Mario Bros (Nintendo, 1985), são exemplos de personagens épicos, de popularidade mundial, que apresentaram as primeiras ideias sobre a organização dos obstáculos e níveis de dificuldade. Vamos conhecê-los em detalhes a seguir.

Pac-Man (1980)

Nesse clássico dos anos 1980, o jogador controla um Pac-Man[1], uma cabeça redonda composta por uma boca que abre e fecha, cujo objetivo é comer pastilhas distribuídas em um labirinto sem ser alcançado pelos quatro fantasmas que o perseguem. Com ritmo progressivo de dificuldade, Pac-Man é considerado o primeiro jogo a apresentar a mecânica de *power-up* – um poder que permite ao personagem devorar os fantasmas que o perseguem por um tempo limitado.

---

1 Pac-Man. Disponível em: <https://pacman.com/>. Acesso em: 26 dez. 2022.

Figura 1.1 – **Pac-Man é considerado o primeiro jogo a apresentar a mecânica de *power-up***

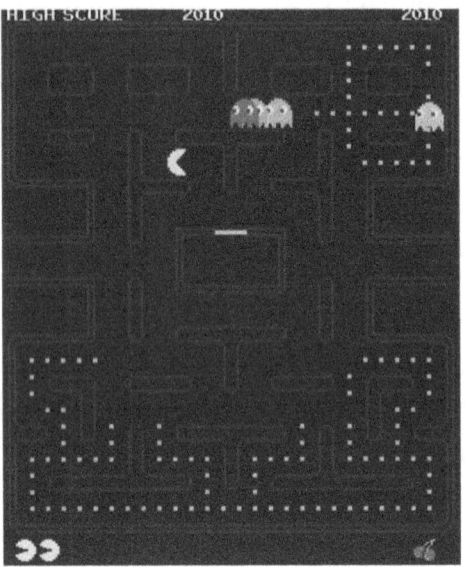

Fonte: Pac-Man..., 2022.

  A ideia original, para concepção do jogo, surgiu durante um jantar entre seu criador, Toru Ywatami, e alguns amigos – eles pediram uma pizza e, ao retirar a primeira fatia, pensaram em uma boca aberta, inspirando a criação do personagem. Curiosidade à parte, esse jogo apresenta uma navegação em modelo de mapa que mostra rapidamente como o mecanismo funciona, um ambiente de navegação intuitiva com nível de dificuldade progressiva marcada pelo número de inimigos e ritmo marcado pelo tempo.

  Outro aspecto de inovação em Pac-Man é o uso e a aplicação da inteligência artificial, uma função de jogo que atribui um tipo de "personalidade" a cada fantasma. No jogo, é possível observar a atribuição da função de perseguição a um fantasma, a outros dois a antecipação da trajetória do personagem, a fim de surpreendê-lo, e, por fim, a um terceiro fantasma o comportamento de vagar aleatoriamente pelo ambiente.

Super Mario Bros (1985)

Em Super Mario Bros[2], o jogador pode controlar o personagem Mario ou seu irmão Luigi (ou ambos, em versão multijogador). A história desenvolve-se em uma viagem pelo Reino dos Cogumelos e tem como objetivo resgatar a Princesa Peach Cogumelo do inimigo, o personagem Bowser. Toda a aventura se passa sob visão de câmera com plataforma de rolagem lateral, um modo projetado pelo *level designer* para o jogador visualizar e interagir com o jogo.

Figura 1.2 – **Super Mario Bros e a visão de câmera com plataforma de rolagem lateral**

Fonte: Super..., 2022.

---

2   Super Mario Bros. Disponível em: <https://mario.nintendo.com>. Acesso em: 26 dez. 2022.

Em alguns momentos, o personagem pode acertar um bloco suspenso específico, que conferirá vida a um cogumelo (supercogumelo), de modo a movimentá-lo para a direita até cair no solo e esbarrar em um cano, mudando-o de direção. Nesse exemplo, podemos observar que o cogumelo é afetado pela gravidade com uma trajetória para a direita, que é alterada ao esbarrar em um objeto. Mario, ao ser atingido pelo Super Cogumelo, cresce até dobrar de tamanho e ganha *power-up*, isto é, a capacidade de quebrar tijolos acima dele e de não morrer ao ser atingido.

Em Pac-Man e Super Mario Bros, a característica de poder temporal atribuída à mecânica de *power-up*, segundo alguns teóricos, faz referência à metáfora do desenho animado Popeye, em que o protagonista fica mais forte ao comer espinafre. O *power-up* é uma função que oferece ao jogador o estímulo de continuar jogando, uma metáfora narrativa que contribui para a dinâmica de sua experiência de erro e acerto.

A dinâmica, muitas vezes, possibilita ao jogador traçar rotas para desviar dos obstáculos e acionar os "poderes", em um processo de aprendizado psicomotor que é promovido pela progressão da dificuldade, que vai ocorrendo conforme aumentam o tempo ou as fases do jogo.

Nesse processo, o *level designer* determina os caminhos que o jogador pode percorrer, distribuindo os desafios e as recompensas pelo cenário. A fim de exercitarmos as atividades desse profissional, podemos partir para as seguintes reflexões: O que está por trás de um bom videogame? Por qual motivo alguns jogos são tão bem-sucedidos e populares como filmes de grande bilheteria e outros falham? O que faz os jogos digitais tão envolventes? Para tanto, enquanto método de trabalho é recomendado que o *level designer* inicie sua jornada de produção analisando o contexto narrativo do jogo, ou seja, um tipo de decupagem do roteiro, para a projeção dos elementos que vão permitir contar a história a partir de níveis de experiência do jogador.

1.3 História do jogo em níveis

A história do jogo é criada por um roteirista de jogos. Sendo assim, o *level designer* deverá receber pronto o roteiro e adaptá-lo para a projeção da história em níveis de experiência. É importante que o profissional compreenda profundamente o roteiro e tenha conhecimento sobre a estrutura narrativa, a descrição do ambiente em que o jogo acontece e os principais personagens envolvidos, de modo que todas as informações sejam inseridas posteriormente em um *Game Design Document* (GDD), o qual servirá de guia para toda a equipe. A seguir, apresentamos as principais técnicas para a descrição/adaptação de história nos *games*: Logline (*storyline*), World Building e Três Atos.

O *Logline* (*storyline*) compreende a síntese da história em uma única frase, a fim de instigar a curiosidade do público. Contudo, assim como em um roteiro, a elaboração de um *storyline* deve obedecer a alguma estrutura lógica narrativa. Para alguns autores, é comum o uso das palavras *quando* e *depois de* para começar a *storyline*, de modo a indicar um incidente inicial de uma história. Labonia (2015, p. 16) segue a seguinte estrutura para a criação: "depois que... (incidente), um (Descrição do Protagonista) deve (Objetivo do Protagonista) antes que... (Terrível Consequência)".

Outra informação essencial para a elaboração de uma boa *storyline* é a descrição sucinta do personagem principal (protagonista). Para isso, é necessário relacionar o incidente inicial com o protagonista do jogo, especificamente ao modo como o incidente afeta a vida dele. Vejamos, a seguir, os exemplos dos clássicos do cinema *Star Wars* (1977), de George Lucas, e *O poderoso chefão* (2007), de Francis Ford Coppola.

"Star Wars – Depois de ter seus tios assassinados, um jovem fazendeiro deve se juntar à Aliança Rebelde para combater o terrível Império Galáctico" (Labonia, 2015, p. 17). Nesse primeiro exemplo, verificamos o uso de substantivo próprio para descrever e pontuar o conteúdo da história. "O Poderoso Chefão – Depois de uma tentativa de assassinato contra seu pai, o filho mais novo deve assumir o seu lugar como o novo chefe de família" (Labonia, 2015, p. 17). No segundo, há o uso de substantivo comum para elencar a trama. Em ambos os exemplos são explorados a técnica de *storyline* de estrutura lógica narrativa criada pelo autor.

Outra técnica para a descrição/adaptação de história nos *games* é o *world building* (em português, construção de mundos), o que corresponde, de maneira geral, à descrição do ambiente do jogo. Podemos definir esse conceito como o processo de construção de um mundo ficcional, que envolve o universo imaginário de criação de mapas, histórias, costumes sociais dos personagens, geografia, ecologia e, em alguns casos, da própria linguagem ficcional.

Mundos ficcionais apresentam importantes informações a serem implementadas na mecânica do jogo. Diante de um roteiro, é recomendado ao *level designer* iniciar a projeção dos ambientes do jogo a partir de desenhos, rascunhos, esboços em papel. A ideia é elaborar uma referência visual do jogo, do mapa, dos ambientes e dos elementos de interação. Um exercício de criação de unidades conectadas para a criação de diferentes fluxos e níveis com missões.

Já a técnica conhecida como *Três atos*, segundo Novak (2010), segue uma importante estrutura narrativa para a elaboração de histórias. O princípio (Ato I) é quando se apresenta o personagem principal (protagonista) de modo a capturar a atenção e introduzir o problema; meio (Ato II) é o momento em que se fornece a tensão da história com a apresentação dos obstáculos; e fim (Ato III) é a estrutura narrativa que fornece a solução do problema inicial, conforme o diagrama a seguir.

Figura 1.3 - **Diagrama Três atos utilizado em filmes americanos, por Per Olin**

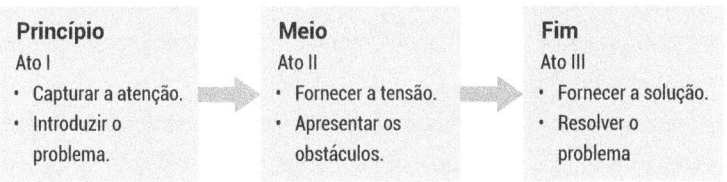

Fonte: Novak, 2010.

Três atos é um modelo para a elaboração de histórias audiovisuais que utiliza como estrutura narrativa uma brilhante ferramenta elaborada por Syd Field (1982), conhecida como "paradigma de roteiro", que padroniza as principais ações de um conteúdo cinematográfico, o qual, ao ser utilizado para a elaboração de roteiro de um jogo digital, apresenta os principais pontos de interesse de que o *level designer* necessita para elaborar as fases do jogo.

Storyline, World building e Três atos compõem as informações do GDD, sendo o último um roteiro anexo ao documento. Para o compositor americano Jed Smith, e de acordo com Novak (2010, p. 125), "um bom *game* é como um bom romance. Você se apaixona pelos personagens, embora os detalhes possam desaparecer com o tempo, mas quando os reencontra a magia da história reaparece imediatamente".

Weiller (2012) observa que, para se estruturar o *design* de níveis, deve-se relacionar a narrativa aos eventos mutáveis e imutáveis. Um dos modos mais comuns é construir uma narrativa em torno de eventos imutáveis, ou seja, aos principais pontos da história já previamente definidos pela equipe de desenvolvedores como prerrequisito fundamental para que o jogador avance. Já eventos mutáveis são compreendidos como acontecimentos que podem ou não ocorrer em diferentes ordens.

Com a descrição da história, a reflexão sobre as subdivisões eficazes é instaurada de modo a projetar os possíveis níveis de um *game*, especificamente, a partir do esboço do ambiente e da elaboração dos objetivos e das metas de cada nível.

Para criar, produzir e organizar a estrutura de um jogo digital, é necessário realizar subdivisões eficazes, de modo a projetar os níveis de um *game*. São características iniciais do *level design*, segundo Novak (2010), a compreensão dos objetivos e das metas dos jogos digitais, os quais analisaremos a seguir.

1.3.1 Objetivos e metas

Os objetivos diferem das metas em um jogo digital. Para compreendermos esses termos, porém, vamos abordar o conceito aplicado à elaboração de um *game*. De modo geral, objetivo é a descrição daquilo que se pretende alcançar, ou seja, o propósito, por exemplo: "Meu objetivo é ensinar a disciplina *Level Design* (*LD*)". Já meta é a definição em termos quantitativos em um prazo determinado, por exemplo: "Minha meta é ensinar a disciplina (LD) em um semestre". Assim, objetivos e metas são diferentes e complementares entre si. Em um jogo digital, são apresentados inicialmente nos modos de resumo introdutório ou tutorial interativo no início de cada nível.

Objetivos e metas são fundamentais para guiar o jogador a uma experiência narrativa desejada. É um planejamento de criação de níveis de complexidade que permite ao jogador aprender de maneira progressiva ao atingir e completar os objetivos e as metas apresentados.

> Criar um nível dá ao designer uma grande quantidade de poder, já que o *layout* e o design influenciam e conduzem o jogador a cada passo. Jogadores experientes presumem que tudo o que você coloca nos níveis tem algum objetivo no gameplay e procuram explorar cada centímetro do espaço que você criou, buscando todos os tesouros, inimigos, *power-ups*, segredos e "bugigangas" que puderem encontrar. Se você coloca uma porta em uma parede, eles querem abri-la para ver o que está atrás. (Schuytema, 2008, p. 90-91)

Os objetivos em jogos digitais são estruturados em objetivo geral e objetivos menores em cada fase. Os objetivos menores auxiliam o jogador a pensar na resolução de um problema por vez, com vistas a atingir o geral. São estruturados também em formato de missões e podem ser facilmente encontradas no mapa de um jogo. Segundo Weiller (2012), muitos jogos digitais contemporâneos utilizam sistemas de missões ou *quests* como objetivos diretos para guiar os jogadores até o objetivo principal. O *quest* originou-se de jogos do tipo RPG como uma forma de direcionar os jogadores, o que ampliou a aplicação em diversos outros gêneros de jogos. Portanto, ao iniciar uma partida, o jogador recebe missões que, ao serem concluídas, iniciam novas missões sucessivamente até que o objetivo principal seja concluído.

Na série Grand Theft Auto – GTA (Rockstar *Games*, 1997-2013), por exemplo, as missões são posicionadas no mapa e divididas entre as principais, eventos menores, aleatórios e encontros com estranhos. São os eventos principais em formato de missões que compõem a história do jogo.

Grand Theft Auto – GTA: Chinatown Wars e V (2009 e 2013)

Podemos verificar, por exemplo, o jogo Grand Theft Auto – GTA: Chinatown Wars (Rockstar *Games*, 2009)[3], da série Grand Theft Auto, lançado com exclusividade para os *games* portáteis Nintendo DS e PlayStation Portable. A história central envolve gângsteres chineses e coreanos, e o jogador controla o personagem protagonista Huang Lee, um jovem de 25 anos, membro da gangue Tríade, cujo objetivo é entregar ao seu tio Wu Lee uma relíquia (uma espada) de

---

3 Grand Theft Auto – GTA: Chinatown Wars. Disponível em: <https://www.rockstargames.com/chinatownwars>. Acesso em: 26 dez. 2022.

seu pai recém-assassinado. Na jornada, Lee é roubado e quase morto, o que o conduzirá a recuperar a espada e vingar a morte de seu pai.

A versão Chinatown Wars apresenta uma novidade mecânica, não presente nas outras versões da série. O jogo, de modo geral, nas demais versões, utiliza câmeras de visão atrás ou acima do personagem. Trata-se dos pontos de vista (Point-of-View – POV) realizados a partir da câmera giratória com uso de sistemas de GPS (*Global Positioning System*) embarcados nas plataformas móveis dos consoles portáteis.

Já em Grand Theft Auto – GTA V (Rockstar *Games*, 2013)[4], última versão da série, o jogador, ao controlar o personagem principal Michael Townley, ex-assaltante de bancos da cidade fictícia de Los Santos, no estado de San Andreas, pode completar 69 missões principais em qualquer ordem que se queira. A ideia possibilita ao jogador interagir com a história na sequência que desejar e permite essa função correspondente ao acionamento das missões a partir dos ícones alfabéticos (iniciais M, T e F) dos nomes Michael, Trevor, Franklin ou outro associado à missão.

As missões secundárias são tarefas auxiliares não necessárias para o andamento da história, mas diretamente relacionadas aos principais eventos do jogo. Já encontros com estranhos são missões que surgem a depender da estrutura de interação narrativa e são apresentadas no mapa com ícones (pontos de interrogação) com determinada cor do personagem a qual ativou a missão. Por fim, missões aleatórias são eventos marcados como ponto que são ativados de modo automático ao se aproximar do local. A seguir, a descrição das informações da primeira missão do GTA V:

---

4 Grand Theft Auto – GTA: V. Disponível em: <https://gta.fandom.com/pt/wiki/Grand_Theft_Auto_V>. Acesso em: 26 dez. 2022.

Quadro 1.2 – **Missão "O Prólogo", em Grand Theft Auto V**

Missão: o Prólogo	

Jogo:	*Grand Theft Auto V*
Localização:	Ludendorff
Protagonistas:	Michael De Santa
	Trevor Phillips
	Bradley Snyder
Alvo:	Bobcat Security
Hora do dia:	Hora no jogo
Objetivos:	• Roubar o banco de North Yankton
	• Fugir de carro
	• Atirar nos policiais
Missão anterior:	N/D
Próxima Missão:	Franklin e Lamar

Fonte: GTA V, 2022.

Em ambos os jogos, observamos a característica de exploração do ambiente digital, de modo que os objetivos e as metas são revelados ao jogador no contexto de navegação e na exploração espacial do ambiente do jogo. "Se você explora um local no mundo real que o faz se lembrar do nível de um *game*, percebe uma coisa: existe um objetivo para esse espaço" (Schuytema, 2008, p. 288). Essa característica permite verificar a afirmação do autor no poder que o *level designer* tem em guiar o jogador por um *layout* de interação e exploração perceptiva no ambiente.

Outrossim, em consonância com Novak (2010), observamos também que o jogador dispõe de um tempo específico para cumprir os objetivos e as metas conforme a história e o roteiro, por meio de opções estratégicas disponíveis que o monitoram e o informam com relação a processo, duração e quantidade de níveis.

1.3.2 Duração e quantidade de níveis

Um bom profissional de *level design* deve delimitar o tempo gasto para cada nível e a quantidade de níveis em um *game*. Há, segundo alguns autores, uma "regra universal" que estipula o tempo de conclusão de um nível pelo jogador em uma seção de qualquer *game*. É sugerido que crianças participem de sessões curtas de até 15 minutos e que jogadores experientes utilizem até 2 horas de concentração para concluir um *level*.

Para a projeção de um *game*, deve ser estipulado o número de níveis, o que é feito após a elaboração dos objetivos e das metas do jogo. Alguns jogos apresentam níveis em aberto para a estratégia de diversos objetivos e metas, a exemplo dos jogos de RPG (*role playing game – game* de representação de papéis), em que os jogadores assumem papéis de personagem e criam a narrativa colaborativamente a partir de um sistema de regras predeterminado. Para jogos digitais tridimensionais (3D) e em primeira pessoa (FPS), recomenda-se disponibilizar ao jogador um nível de cada vez, a fim de ampliar o sentido imersivo característico da estrutura narrativa estratégica em tempo real.

De maneira geral, a plataforma de RPG, no modo presencial, é composta pelos seguintes materiais: dados, fichas de personagens, mapas e *DM Shield*. Os dados são os principais mecanismos que permitem realizar as escolhas estratégicas das ações dos personagens; as fichas de personagem informam aos jogadores os mínimos detalhes de seu personagem; os mapas são itens essenciais e obrigatórios para as rodadas em turno do jogo; o *DM Shield* consiste em uma barreira física (livro, papel, cartolina etc.) inserida em frente ao mestre (responsável por conduzir a trama) que impede os jogadores de terem a visão das anotações deste. Analisada a estrutura de jogo de um RPG no modo presencial, partimos para a compreensão das relações entre os níveis nos jogos digitais.

1.3.3 Relações entre os níveis

Em todo jogo digital, cada nível compreende uma cena ou um episódio inserido em um contexto histórico maior. Cada cena envolve um enredo, ou seja, os modos de se contar partes da história, tanto em sua estrutura narrativa quanto no modo de jogar. Os níveis podem apresentar novos personagens ou objetos, destacar postos-chave no roteiro, e o objetivo funcional de cada nível precisa estar relacionado a elementos do tema centralizador. São os atos e os pontos do roteiro que permitem interligar a ação de jogabilidade e a experiência em um processo de aprendizado do desenrolar da história. Os níveis são relacionados, de modo geral, a partir dos seguintes elementos:

- **Prenúncio de eventos** – alerta o jogador sobre um evento futuro ameaçador ou sobre uma mudança importante.
- **Campanha** – série de níveis (ou missões) que devem ser completadas.
- **Aumento da dificuldade** – em cada nível, há um aumento progressivo de dificuldade.

A história de um jogo pode ser elaborada por uma equipe de pesquisa e roteiro que define a estrutura em cenas ou episódios. Em um segundo momento, o *level design* soma-se a essa equipe para o desenvolvimento do enredo de cada cena ou episódio, de modo a contribuir para a narrativa, implementando modos de jogar para contar toda a história. O *level designer* estará envolvido com a relação e a transformação do enredo em níveis compostos pelos seguintes elementos: prenúncio de eventos, campanha (missões) e aumento da dificuldade de cada cena ou episódio.

O prenúncio de eventos precede e anuncia, por meio de elementos simbólicos gráficos ou textuais, um acontecimento, o que pode ser ameaçador ou indicar uma mudança na compreensão narrativa. Uma porta que indica a saída com a escrita *"Exit"*, uma cor ou uma música diferenciada em determinado local do ambiente podem sinalizar o término de um nível e o início de outro. São diversas as possibilidades de relacionar os níveis com o uso de prenúncio de eventos, o que não significa anteceder diretamente a história ou apresentar um elemento que vai revelar fatos a respeito do conteúdo, como um *spoiler*. O *level design* precisa ter a sensibilidade para conduzir o jogador com criatividade.

Sobre eventos, Weiller (2012), ao analisar o jogo Super Mario Bros, ressalta que, para o engajamento do jogador, ele deve chegar ao final da fase no limite do tempo determinado para que obtenha vitória na partida. A condição expressa o objetivo que deve ser atingido e implementa o tom da narrativa, de modo que o jogador evolua gradativamente de uma fase inicial ao final do jogo, que se passa em um castelo. Esse lugar condiciona a ideia de possibilidade de se encontrar a princesa desaparecida (objetivo principal do jogo), entretanto, isso só acontece no oitavo mundo porque o jogador é avisado, ao término de cada um dos outros sete castelos, que a princesa não estará lá, o que o induz a continuar a jornada.

Como vimos, os objetivos específicos conduzem o jogador a um objetivo geral que pode ser final de um ciclo de ações menores de encerramento para a abertura de um novo ciclo de objetivos no modelo de missões e campanhas.

As campanhas, por exemplo, revelam relações entre os níveis por meio da narrativa. O jogador é desafiado a atuar em uma campanha específica com diversas missões. Em Final Fantasy XV (2016, Square Enix), jogo do gênero RPG, há 40 horas para o desenrolar da campanha principal, com missões obrigatórias principais e secundárias. Já em Halo: The Master Chief Collection (2019, 343 Industries), jogo de FPS, são mais de 200 horas de campanha. Mas o que faz alguns jogos terem a duração acima do tempo estipulado pela "regra universal" que vimos?

A esse respeito, são evidentes algumas características, como o gênero do jogo, a complexidade narrativa, o grau de interação, a imersão e a potência gráfica. World Of Warcraft (2004, Blizzard), por exemplo, é um jogo *on-line* do gênero Massively Multiplayer Online Role-Playing *Game* (MMORPG), cuja característica permite aos jogadores criarem personagens em um mundo de narrativa dinâmica e exponencial que, em 2010, atingiu a margem de 11 milhões de jogadores ativos.

Com esses exemplos, cabe ao *level design* estudar com afinco o gênero narrativo e o público-alvo ao qual se pretende atingir. Os níveis relacionam-se, ainda, com o aumento da dificuldade e com técnicas de progressão, os quais fazem o alinhamento da estrutura narrativa que, por sua vez, despertam o interesse em conhecer e desvendar a história.

1.3.4 Progressão da dificuldade

Recomendamos que a dificuldade de um *game* seja progressiva, isto é, que aumente conforme o jogador avança. Segundo Jeannie Novak (2010), a progressão deve ser intensificada em cada nível pelo conflito que envolve a história do personagem. Nesse contexto, especialistas, como Per Olin (citado por Novak, 2010), contribuem para a compreensão da relação entre a dificuldade e o progresso do personagem durante um jogo, conforme apresentado na Figura 1.4.

Figura 1.4 – **Comparação das progressões linear, plana e de curva em S por Per Olin**

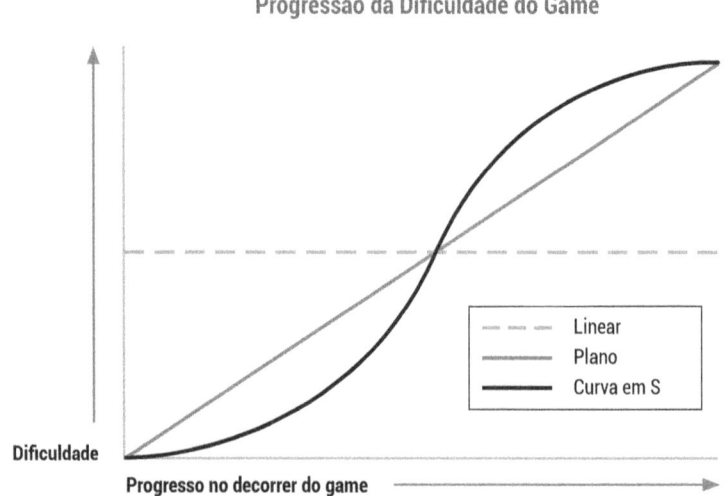

Fonte: Novak, 2010.

Conforme observamos na Figura 1.4, os desafios são apresentados ao jogador pelo aumento progressivo da dificuldade conforme o jogo avança, característica linear. O aspecto denominado *plano* consiste no grau de dificuldade constante. Já no elemento da curva em S, há a combinação dos dois modelos, linear e plano, determinando um ritmo que intensifica o conflito em cada nível em uma série de arcos. Podemos observar a curva em S quando iniciamos um jogo por meio de instruções (tutorial) para aprender a jogar ou em fases para treinamento que mantém o mesmo grau de dificuldade até momentos de aumento da dificuldade para a conclusão de determinada fase, missão ou campanha de um jogo.

De maneira mais didática, Weiller (2012) pontua que o aprendizado deve estar ajustado à habilidade do jogador e analisa o uso do chefe (*boss*) como um método para o término de um nível, conjunto de níveis ou grade de um jogo. Em qualquer caso, mesmo que haja chefes no final dos níveis e áreas, há também chefes ao término do jogo, considerados os mais desafiadores, de modo que, ao derrotá-los, o jogador chega ao final de seu percurso. Normalmente, chefes de nível e de área necessitam de aplicações de habilidades apreendidas em uma mesma área ou nível, o que representa um ápice de domínio, ou seja, uma prova de domínio de sua nova habilidade.

Depois de tratar da duração, da quantidade de níveis e de alguns gêneros de jogos digitais que complexificam a duração de campanhas e missões, veremos o ritmo na ação de jogar e os intervalos temporais, que contribuem para o movimento de intensidade da ação em um jogo.

1.3.5 Intervalos de tempo

Os intervalos de tempo são compreendidos como os elementos relacionados ao tempo que atribui o ritmo do jogo, a velocidade que determina o ritmo em que o jogo é jogado. Perceba que o *level designer* pode, então, planejar um jogo que permite aos jogadores despender muito tempo para lidar com os desafios ou pode planejar um jogo que os incentive a interagir rapidamente com objetivos, metas e missões. Entretanto, para um bom jogo, podemos planejar entre esses dois extremos, ou seja, disponibilizar a cada jogador um tempo limitado para escolher e tomar decisões.

Intervalos de tempo conduzem o ritmo e são apresentados de diversas formas em um jogo digital. Essa grandeza física pode ser classificada, segundo Novak (2010, p. 89), "em três formas: baseado em turnos, em tempo real e em tempo limitado. Cada um desses intervalos define conceitos de passagem de lentidão, rapidez ou aproximação com o que conhecemos de tempo na realidade".

Baseado em turnos

Jogos baseados em turnos são comumente encontrados em tabuleiros e cartas. Nestes, cada jogador realiza a ação em determinado turno, como ao mover uma peça ou ao dispor uma carta sobre a mesa. O jogador tem o tempo livre possível para planejar sua jogada, tanto no modo físico/real quanto no modo virtual. É preciso planejar as jogadas e decidir o rumo de sua ação em cada rodada.

Em jogos digitais, há a modalidade de estratégia baseada em turnos (*turn-based strategy* – TBS), que incentiva os jogadores a passar o máximo de tempo pensando na estratégia antes de tomar decisões. É caracterizada pelo intervalo de tempo livre ao jogador, de modo a estimular a elaboração estratégica das ações de maneira planejada, conforme abordado no tópico anterior. O gerenciamento de recursos abrange decisões específicas sobre os tipos de recursos a serem elaborados, onde serão inseridos e o modo mais proveitoso de usá-los. A série Civilization (1991-2006, Firaxis *Games* e 2K *Games*), desenvolvida pelo *game designer* Sid Meier, é um exemplo de jogo (TBS).

Em tempo real

Jogos em tempo real, como o nome já prenuncia, são realizados simultaneamente ao tempo factual. Em jogos digitais, tempo real refere-se ao subgênero de estratégia em tempo real (*Real-time Strategy* – RTS). Os jogadores costumam usar recursos para construir bases e unidades para derrotar oponentes, de modo a induzir a decisão rápida de como gerenciar seus recursos e de como planejar as defesas e ataques nas unidades.

Em razão de sua complexidade, exigem rápido raciocínio lógico e agilidade física para a escolha de ações e situações no contexto do jogo. Para ganhar o jogo em tempo real, é necessário reflexo corporal e raciocínio rápidos. Contudo, esse tipo de jogo exige mais do desempenho computacional em rede, ou seja, da *performance* gráfica, da carga de servidor e da conexão com a internet. No modo *on-line*, é muito comum a utilização da comunicação instantânea em tempo real com outros jogadores conectados.

Uma característica da estratégia em tempo real refere-se à chamada *microgestão*, um processo de equilibrar um conjunto de recursos (tropas, por exemplo) que podem prospectar enquanto outros fracassam, porque o jogador não pode se dedicar a todos ao mesmo tempo, como o jogo The Lord of the Rings: The Battle for Middle-Earth II (2006, Electronic Arts), por exemplo.

Tempo limitado

Jogos de tempo limitado apresentam as características de tempo real e em turnos, ou seja, é um meio termo entre as duas formas. Os turnos apresentam tempo limitado e são impostos ao jogador turnos com limite de tempo para a escolha de suas ações em uma partida. São jogos temporalizados que podem ser jogados individualmente ou com outros jogadores no modo *on-line* e em turnos de tempo real, como partidas de xadrez jogadas na internet. Uma das grandes tendências mundiais é misturar os gêneros de intervalos de tempo, em uma proposta de estilo híbrido.

Para o profissional de *level design*, é importante considerar o tempo do jogo, ou seja, definir os tempos de intervalo, com vistas a modelar a experiência do jogador. Alguns jogos apresentam outras características envolvendo o tempo; nesse sentido, tecnologias como as dos sensores permitem capturar informações de luminosidade no ambiente físico real do jogador, de maneira a interferir nos atributos de tempo do jogo no ambiente digital ou nas características de energia do personagem. Um exemplo é o jogo de ação *Boktai: The Sun is in Your Hand* (2003), desenvolvido pelo designer japonês Hideo Kojima para o portátil *Game Boy Advance* (GBA), em que um sensor de luz solar foi incluído no cartucho do *game*.

Como vimos, o "tempo do *game*" refere-se a intervalos temporais que permitem torná-lo mais rápido, mais lento ou igual ao tempo na realidade. Em diversos jogos baseados em turnos, como jogos de ação, é possível também perceber que não existe o conceito de passagem do tempo, pois, muitas vezes, o tempo permanece parado até que o jogador interaja com o jogo de alguma forma.

Para tanto, a projeção de um jogo digital envolve a elaboração de campanhas e missões que são realizadas com a criação de níveis a partir dos conceitos de arte, esboço, modelagem de ambiente e integração das entidades físicas com uso de personagens. Essa tarefa é realizada com o auxílio dos editores de níveis.

1.3.6 Editores de níveis

Existem diversas ferramentas que contribuem para o processo de elaboração do desenho dos níveis a partir do desenvolvimento do *layout* de mapas, os quais são diferenciados de acordo com o gênero do jogo. Aqui vamos conhecer as características dos principais editores, a fim de verificar as potencialidades para o desenvolvimento de níveis.

FlaME Warzone 2100 Editor[5]

FlaME é o editor de mapas do jogo Warzone 2100. Ele permite a elaboração de práticos mapas a partir da leitura de seu tutorial, com vídeos explicativos que auxiliam a criação de terrenos, texturas e imagens que são inicialmente criadas no software *open-source* de edição de imagens *GNU Image Manipulation Program* (GIMP)[6] e, posteriormente, exportadas para o programa FlaME.

Trata-se de uma ferramenta que permite criar jogos multiplataforma (MacOS, Microsoft Windows, Linux, PlayStation), de fácil interação, possibilita a representação da diferença de altura do terreno pela diferença nas cores da imagem. Por exemplo, as cores mais escuras representam os terrenos de baixa altitude, e as cores mais claras os de alta altitude.

Ao importar a imagem do GIMP para o FlaME, o mapa de altura transforma-se em penhascos e vales, pronto para ser pintado com texturas e recursos de terreno. O mapa é baseado no conjunto de

---

[5] FlaME – Warzone 2100 Map Editor. Disponível em: <http://warzone.atlassian.net/wiki/spaces/FLAME/overview>. Acesso em: 26 dez. 2022.

[6] GIMP – GNU Image Manipulation Program. Disponível em: <https://www.gimp.org/>. Acesso em: 26 dez. 2022.

blocos das montanhas rochosas. Contudo, para iniciarmos o estudo do editor de níveis, faz-se necessário conhecer um pouco a história do jogo.

Warzone 2100 (Pumpkin Studios, 1999)[7] é um jogo *open-source* de estratégia em tempo real, lançado em 1999 e publicado em 2004 de modo comercial, que conta com código-fonte, dados e níveis disponíveis ao público para edição sob a licença *General Public License* (GNU GPL).

Para realizar o desenho das unidades de um jogo digital, é importante que o profissional de *level design* considere a arquitetura que se deseja inserir no ambiente, visando garantir que todo o jogo faça sentido para a composição da história. Os espaços de interiores são **definidos pela arquitetura, o que faz com que cada elemento, desde paredes até túneis e calabouços, seja navegável na concepção do espaço. Tudo precisa ser planejado e fazer sentido no jogo.**

Quadro 1.3 - **Algumas funcionalidades do Warzone 2100**

Warzone 2100 – funcionalidades	
Campanha para um jogador	Comande as forças do projeto em uma batalha para reconstruir o mundo depois da humanidade ter sido deixada à beira da extinção por mísseis nucleares.
Multijogador por LAN/Internet	Jogue contra seus amigos em uma rede local ou experimente o modo multijogador *on-line* com um *lobby* integrado.

(continua)

---

7   Antes de iniciar a jornada de desenvolvimento no editor, sugerimos que faça o *download* do jogo disponível em português na página oficial do *Warzone 2100*. Disponível em: <https://wz2100.net/pt/>. Acesso em: 26 dez. 2022.

(Quadro 1.3 - conclusão)

Warzone 2100 - funcionalidades	
Bots IA[8]	Jogue com *bots* de IA em escaramuças (ou como membros de sua equipe/inimigos adicionados em multijogador) e treine as suas habilidades com rejogabilidade interminável.
Árvore Tecnológica Extensiva[9]	Mais de 400 tecnologias diferentes produzem uma árvore tecnológica extensa com muitos caminhos para escolher.
Design de Unidades (*Level Design*)	Personalize suas unidades com um sistema de *design* flexível que permite uma grande variedade de unidades e tácticas possíveis.
Multiplataforma	Suporta Windows, MacOS, Linux, FreeBSD e muito mais - tudo com suporte multiplayer entre plataformas!

Outras ferramentas disponíveis no mercado permitem também a criação de ambientes, cenários ou missões. Segundo Novak (2010), vale destacar que a ferramenta usada pelo *level designer* geralmente é desenvolvida pelo programador do jogo, de maneira exclusiva. Versões específicas dos editores são posteriormente disponibilizadas ao público, no momento do lançamento do jogo, de modo a permitir que produzam seus próprios níveis. Apresentamos, a seguir, algumas ferramentas de editores, mas, em razão de o mercado ser bastante dinâmico, é importante sempre se atualizar a respeito das novas ferramentas, pois algumas podem vir a ser descontinuadas.

---

8   Agente autônomo de *software* com inteligência artificial.

9   Representação visual extensiva das possíveis sequências de atualizações disponibilizadas a um jogador.

Valve Hammer Editor

Software para criação de mapas inicialmente conhecido como *Hammer Editor* ou *Worldcraft*[10], exclusivo para os jogos da empresa Valve Corporation, que utiliza os motores de jogo (*game engine*) *Source Engine* e *GoldSrc*. São exemplos de jogos da empresa: Half-Life, Counter-Strike e Dota 2.

Hammer Editor é também um *software* de fácil interação e que oferece recursos incríveis com imagens 3D de alta resolução. Na página de desenvolvimento, são disponibilizados tutoriais para a criação de um primeiro nível, com instruções minuciosamente detalhadas. Inicia-se com o *download* do Source SDK (*Software Development Kit*)[11].

Unreal Editor

Software desenvolvido pela empresa Epic *Games,* permite a criação de experiências tridimensionais (3D) com a inserção de objetos (luz, malha ou personagem), em que, tecnicamente, cada objeto é considerado uma classe na programação definida como um *ator (actor).* Dessa forma, Unreal Engine[12] permite criar, visualizar e modificar os níveis de um jogo digital a partir da edição das propriedades dos atores. São exemplos de jogos da empresa *Gears of War*, *Batman: Arkham Asylum* e *Final Fantasy VII Remake*.

Unreal Editor é um *software* que oferece inúmeros recursos para interação em tempo real, com modelagens renderizadas pré-fabricadas em seu acervo. Geralmente, são disponibilizados no *site* a

---

[10] Valve Hammer Editor. Disponível em: <https://developer.valvesoftware.com/wiki/Valve_Hammer_Editor>. Acesso em: 26 dez. 2022.

[11] Tutorial completo. Disponível em: <https://developer.valvesoftware.com/wiki/Your_First_Map>. Acesso em: 26 dez. 2022.

[12] Unreal Engine. Disponível em: <https://www.unrealengine.com/en-US/>. Acesso em: 26 dez. 2022.

documentação com a descrição detalhada de rápida execução de um primeiro nível, contudo, o prerrequisito é o conhecimento prévio de informática para a instalação e criação do projeto[13].

CryEngine

Software desenvolvido pela empresa Crytek, é também um motor de jogo (*game engine*) utilizado para criar níveis em primeira pessoa. Ferramentas como CryEngine[14] apresentam, em sua página, um guia em arquivo formato *Portable Document Format* (PDF) para iniciantes que orienta novos usuários acerca da instalação e navegação pela interface *Sandbox*. Essa ferramenta permite a criação de terrenos e a adição de elementos como vegetação e clima.

Figura 1.5 – **Algumas ferramentas facilitam a adição de elementos como vegetação**

sashsathish7094/Shutterstock

---

13 Tutorial completo do Unreal Engine. Disponível em: <https://docs.unrealengine.com/en-US/Engine/QuickStart/index.html>. Acesso em: 26 dez. 2022.

14 CryEngine. Disponível em: <https://www.cryengine.com>. Acesso em: 26 dez. 2022.

Aurora Toolset

Software desenvolvido pela empresa Bioware, a Aurora Toolset[15] é uma poderosa e simples ferramenta que permite alterar muitos aspectos de um jogo, como criar novos módulos e níveis de Role-Playing *Game* (RPG) usando um conjunto de ferramentas temáticas desbloqueadas. Edifícios, terrenos e masmorras, por exemplo, podem ser pintados usando pincéis do programa; também é possível elaborar histórias, diálogos e criar personagens com comportamento inteligente e projetar mundos inteiros. Para tanto, são disponíveis bibliotecas de conteúdo pré-fabricadas que podem ser compartilhadas, exportadas e importadas no formato de arquivo Encapsulated Resource File (ERF).

Várias possibilidades de criação estão disponíveis no módulo do construtor. Nos jogos Baldur's Gate e Dungeons & Dragons, o usuário pode editar quase todos os recursos do jogo, porém, para se criar ou modificar cenários mais complexos, é necessário utilizar um mecanismo de *script* que são semelhantes a linguagem C. Ao término da criação do nível, o editor salva o conteúdo em um arquivo chamado "módulo". Em pesquisas na internet, é possível encontrar diversos módulos criados pelos fãs, admiradores e desenvolvedores em geral de vários jogos.

Construct

Software para edição de jogos bidimensionais (2D), baseado na linguagem de marcação Hypertext Markup Language, versão 5 (HTML5) para internet. Com uso do mecanismo Drag-and-drop (arrastar e soltar), esse programa viabiliza a rápida criação de jogos.

---

15 Aurora Toolset. Disponível em: <https://nwn.fandom.com/wiki/Toolset>. Acesso em: 26 dez. 2022.

É um excelente editor de níveis para iniciantes, pois permite realizar projetos complexos de fácil aprendizagem. No *site* está disponível o Manual Oficial Construct, em alguns casos, livre para copiar, republicar, adaptar, modificar ou usar o material do manual[16].

O Construct dispõe de recursos, por exemplo, para desenvolver jogos diretamente no navegador sem baixar qualquer programa, basta acessar a página de edição[17]. Pesquisando, é possível encontrar diversos tutoriais em português que permitem criar jogos que podem ser publicados em diversas plataformas como *web*, aplicativos iOS (Apple Store) / Android (Google Play), Desktop e Windows Store. Mas é importante saber que cada plataforma tem suas especificidades, por isso é necessário pesquisar tutoriais para o desenvolvimento.

Figura 1.6 – **Interface do Construct 3 (criação de novo projeto)**

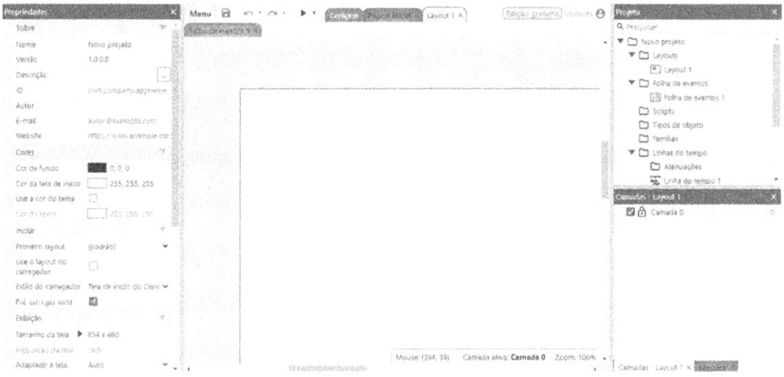

Fonte: Construct 3, 2022.

16 Construct 3. Disponível em: <https://www.construct.net/en/make-games/manuals/construct-3>. Acesso em: 26 dez. 2022.
17 Disponível em: <https://editor.construct.net/>. Acesso em: 26 dez. 2022.

Unity 3D

Software para criação de jogos multiplataforma e experiências interativas 2D e 3D. Para iniciantes, é fácil de encontrar diversos tutoriais autoguiados para o aprendizado no Unity[18]. A empresa disponibiliza modelos de jogos para experimentar e uma ferramenta chamada *Creative Mods* para o desenvolvimento de pequenos e divertidos jogos. Nessa modalidade, é possível elaborar jogos 3D nos estilos de corrida de Kart, de tiro em primeira pessoa (*first person shooter*), entre outros.

Figura 1.7 - **Jogos 3D nos estilos de corrida de *kart* são exemplos de uso da ferramenta**

Diante dos exemplos dos principais editores de níveis disponíveis no mercado, faz-se necessário ao profissional de *level design* a compreensão inicial de uso e aplicação das informações apresentadas neste capítulo e as que ainda serão apresentadas nesta obra. É importante destacar que todas as informações da equipe são organizadas e estruturadas no Documento de *Design* de Jogo (DDG), cujo objetivo

[18] Disponível em: <https://unity.com/pt/learn/get-started>. Acesso em: 26 dez. 2022.

é planejar o desenvolvimento de um jogo digital e alinhar a equipe durante o processo de produção do jogo.

1.3.7 *Game Design Document* (GDD)

Mais conhecido na língua inglesa como *Game Design Document* (GDD), esse documento é uma ferramenta textual que descreve todas as características de um jogo digital, desde as informações básicas, conceitos, personagens, cenários e sons, até informações mais detalhadas de *software* e *hardware* que são produzidas pelos demais integrantes.

"Muitas vezes, esse documento é chamado de 'bíblia' do jogo, sendo realmente usado como uma Bíblia, uma referência para todos os envolvidos no desenvolvimento do projeto, mantendo todos ligados aos mesmos objetivos" (Motta; Trigueiro, 2013, p. 115). Portanto, o *level designer* é uma das profissões mais importantes na produção de jogos digitais, pois é responsável pela própria montagem do jogo em si.

Dessa forma, o GDD é um modelo estruturado de informações elaboradas para consulta da equipe e para detalhar o jogo para parceiros e investidores. As informações de objeto, etapas e cronograma são descritas no corpo do contrato e no documento completo do GDD. De modo geral, esse documento apresenta os seguintes elementos do jogo: conceito do jogo; mecânicas de jogo; interfaces com usuário; elementos gráficos estáticos, animados e de vídeo; descrição de personagens; enredo e história; sons e música; detalhamento de *levels* (fases) entre outros elementos, podendo alcançar, em alguns casos, centenas de páginas.

Contudo, não existe uma padronização para a documentação de um jogo digital. Os conceitos e as práticas são difusos entre os autores, de modo que cada desenvolvedor cria seu próprio estilo de GDD. Para Novak (2010, p. 365), deve-se evitar a produção de documentos com muitas páginas, mesmo que os elementos mudem "durante as fases de pré-produção e produção, por problemas relacionados à implementação, cronograma, orçamento ou tendências de mercado".

Um GDD é um documento que, além de texto, pode conter arquivos multimídia, imagens e sons. Ele tem a estrutura geral de um livro com índice linear, organizado e facilmente acessível para ser impresso, além de estar disponível na rede para todos da equipe. Para a elaboração desse documento, é necessário que uma única pessoa seja responsável, pois, durante o caminho, ocorrem mudanças que devem ser prontamente adaptadas. Geralmente, um produtor ou diretor do jogo pode desempenhar dois papéis – como de diretor e de *game designer* responsável pelo documento.

A finalidade do GDD é criar uma maneira de apresentar o conceito do jogo e a visão geral da ideia para que qualquer pessoa possa ler e entender o processo de criação e desenvolvimento. O documento permite compreender aonde se pretende chegar, auxilia a definição do escopo, como um guia para a tomada de decisões, e controla o progresso do desenvolvimento do produto digital alinhado aos seus objetivos. Para Novak (2010, p. 11), "muitos elementos de um *game* mudam drasticamente durante as fases de pré-produção e produção, seja por problemas relacionados à implementação, cronograma, orçamento ou tendências do mercado". Assim, o documento é elaborado para consulta da equipe, para oferecer uma visão do jogo a parceiros em potencial e para detalhar o jogo a investidores, sendo também utilizado como base contratual das etapas ou para trazer elementos específicos em anexo ao contrato.

SÍNTESE

Neste capítulo, abordamos alguns aspectos introdutórios do *level design* em jogos digitais com ênfase na importância do profissional no mercado. Fornecemos os principais conceitos e técnicas para a percepção, o entendimento e a análise do processo de criação de níveis a partir de clássicos dos anos 1980. Buscamos, também, compreender a elaboração de representações visuais e narrativas da história nos *games* para o planejamento e a decupagem de ambientes e mapas pela criação de objetivos e metas, com a exemplificação de diferentes gêneros em jogos digitais. Ainda, evidenciamos as características fundamentais que envolvem a duração, a quantidade, as relações entre os níveis, a progressão da dificuldade e os intervalos de tempo do *game*. Verificamos, por fim, alguns editores de níveis e os fundamentos de diferentes autores para a compreensão de um *Game Design Document* (GDD).

Frame Stock Footage/Shutterstock

CAPÍTULO 2

NÍVEIS

Neste capítulo, abordaremos os elementos essenciais do *level design*, campo do conhecimento que envolve aspectos de **interatividade, imersão, jogabilidade** (*gameplay*) e **fluxo de jogo** (*game flow*). Cada um desses conceitos envolve inúmeros contextos de aplicação, e optamos por reunir os quatro principais – que são amplamente utilizados para elaboração, criação e desenvolvimento de jogos digitais – como termos básicos para a compreensão do desenho de níveis em processos criativos e dinâmicos de ordem computacional.

Para tratar de interatividade, analisaremos os termos *interação* e *interativo*. Apresentaremos também os conceitos de primeira e segunda interatividades conforme os autores franceses Edmond Couchot, Marie-Hélene Tramus e Michel Bret (2003).

Analisaremos o clássico jogo Doom (1993) e a pioneira instalação artística *Osmose* (1995), da artista canadense Char Davies, como soluções digitais que, à época, desafiaram os aspectos de navegação sensorial de interatividade e imersão em realidade virtual.

A forma como interagimos com o jogo, a partir da reflexão do que motiva as pessoas a jogá-lo, será discutida no conceito de jogabilidade (*gameplay*), com a exemplificação da série The Sims e com atos do roteiro do filme de animação Megavirus. Para tanto, adaptamos a linguagem da "lista Heurística de Jogabilidade" para melhor compreensão do aluno.

Por fim, o fluxo do jogo, também chamado *gameflow*, será abordado pela origem do conceito "estado de fluxo", definido pelo psicólogo Mihaly Csikszentmihalyi, em 1975, em que atividades e desafios promovem a satisfação ao jogador por adquirir novas habilidades.

2.1 O que é interatividade?

Em jogos digitais, a interatividade é superior a qualquer outra mídia[1], uma vez que compõe o modo de jogar um *game*, ou seja, o ato dinâmico de fazer escolhas; o termo está sempre relacionado ao conceito de novas mídias. Foi a partir da convergência midiática que o processo conceituado por Henry Jenkins (2009), na década de 1990, foi criado para designar a inevitável convergência da mídia com a tecnologia, e com o próprio meio de comunicação, enquanto suporte, atribuído como canal de distribuição. Assim, compreende-se que a mídia é diretamente relacionada ao modo de veiculação, isto é, a internet, concomitantemente mídia e canal de distribuição de conteúdo, no caso de jogos digitais e outras novas mídias.

Foram os atributos das novas mídias que permitiram a relação ativa na Interação Humano-Computador (IHC). Alguns termos que envolvem a interatividade são muitas vezes utilizados erroneamente em diversos segmentos do mercado, por isso vamos utilizar o termo geral. Segundo o dicionário Houaiss (*on-line*):

- *Interação* é uma atividade ou trabalho compartilhado em que existem trocas e influências recíprocas.
- *Interatividade* é a capacidade de um sistema de comunicação ou equipamento de possibilitar interação.
- *Interativo* é aquilo que permite ao indivíduo interagir com a fonte ou o emissor.

---

[1] Definimos *mídia* como o meio de comunicação utilizado para transmitir imagens, sons e textos.

Cientes das diferenças entre os termos, vamos imaginar as formas como o jogador interage com o sistema em um jogo digital. Quais são os modos possíveis de interatividade? Como podemos planejar melhor níveis de interação em uma partida?

Para Salen e Zimmerman (2012), a interação é um processo de escolha. Os autores consideram que o modo como as escolhas são inseridas no jogo é uma atividade delegada ao designer elaborada em dois modos:

1. **Nível micro**: são pequenas escolhas a cada momento com as quais o jogador é confrontado durante o jogo.
2. **Nível macro**: são escolhas que representam a forma como as microescolhas se unem em uma cadeia, de modo a formar uma grande trajetória.

Segundo esses autores, um contexto interativo apresenta escolhas aos participantes que podem ser então divididas em níveis como micro ou macro da interatividade, com vistas a contribuir para a experiência do jogo. Cabe ao *level designer*, portanto, elaborar uma estrutura interna que permita projetar a experiência do jogador por um sistema de interação.

Figura 2.1 - **A definição de qual caminho a seguir é um exemplo que deve ser planejado no *level design* relacionado às escolhas dos participantes**

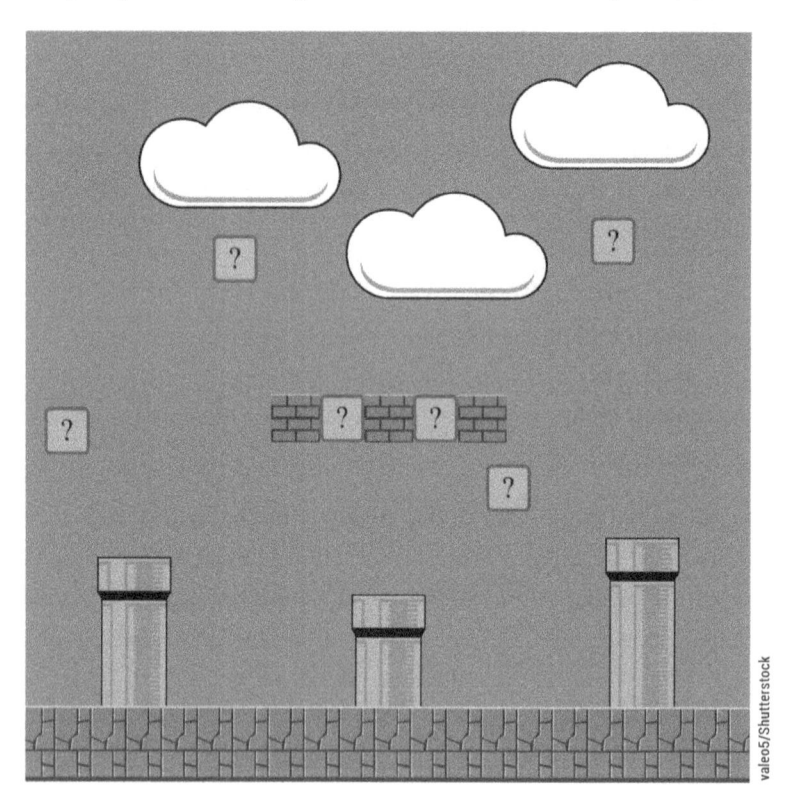

É importante criar uma ação → resultado, ou seja, etapas que ajudem a construir uma escolha no jogo. Para os autores (Salen; Zimmerman, 2012), são necessárias cinco etapas expressas por meio das seguintes questões:

1. O que aconteceu antes de o jogador ter a escolha? (evento interno)
2. Como é a propriedade de escolha transmitida para o jogador? (evento externo)
3. Como o jogador fez a escolha? (evento interno)
4. Qual é o resultado da escolha? Como isso afetará as futuras escolhas? (evento interno)
5. Como é o resultado da escolha transmitida ao jogador? (evento externo)

É a partir dessas etapas que se instauram as representações de eventos internos e externos. O evento **interno** representa a ação quando o sistema do jogo processa e recebe a escolha; já o **externo** representa qual escolha é apresentada ao jogador. Para esses autores, mapear a interatividade é elaborar um espaço em que todas as ações são possíveis e os significados surgem no decorrer do jogo.

Com base nessas questões, podemos refletir que a interatividade depende muito do gênero do jogo e, com isso, das relações de interação humano-computador. Para Novak (2010), a interatividade é a relação entre o jogador, o *game* e outro jogador. A interatividade corresponde ao número de jogadores em um *game* (modo de jogador/ *player mode*), conforme as relações detalhadas a seguir:

- **Jogador-*game* (*monojogador/single-player*)**: jogador individual que interage com personagens dotados de inteligência artificial (IA), humanoides ou não.
- **Jogador-jogador (*multijogador/multiplayer*)**: jogo *on-line* com grande número de jogadores, também conhecido como *Massively Multiplayer Online Game* (MMOG).

- **Jogador-desenvolvedor**: jogadores que interagem com os desenvolvedores por meio de bate-papo e/ou fórum de discussão do *game*.
- **Jogador-plataforma**: jogadores que interagem com *hardware* e *software* de plataformas.

Podemos compreender que jogar significa interagir a partir de uma escolha que resulta em uma mudança do sistema computacional (na resposta ou durante o próprio processo).

No modo monojogador, o jogador interage somente com o próprio *game* e sua plataforma. Todos os personagens ou jogadores adicionais (adversários) que são apresentados são gerados por um sistema de inteligência artificial ou personagens não jogáveis. Esse modo, também chamado de *jogador-game*, é muito comum de interatividade, pois envolve questões de representação espacial, mapeamento, ambiente e conteúdo voltados para um único jogador. Assim, quais níveis funcionam melhor no modo monojogador? Como exemplo podemos observar nos jogos de Paciência[2] a projeção clássica de jogos de carta para monojogador.

Para o modo multijogador, foram os serviços *on-line*, a partir de 1993, com o início da era da informação na internet que o jogo se abriu para a rede global de comunicação. Foi então que a empresa id Software lançou o *game* (Doom) para até quatro jogadores.

Doom é um clássico jogo do gênero de tiro em primeira pessoa (*first person shooter*) para computador (PC MS-DOS). Considerado um dos primeiros jogos em três-dimensões (3D), é executado do ponto de vista do jogador, ou seja, em primeira pessoa. Doom é um

---

2 Desenvolvido para Windows 3.0, Solitaire (1990) é o nome do primeiro jogo de paciência e foi elaborado pela empresa para ensinar o usuário a utilizar o *mouse*.

excelente jogo para o entendimento das principais atribuições do *level designer*, pois o principal objetivo em cada fase é encontrar a saída que leva ao próximo nível. Para atingir o objetivo, o jogador deve sobreviver até o final de cada fase, lutando contra inimigos e obstáculos tais como monstros, barris com tóxicos e outros obstáculos.

Cada nível é composto por labirintos contendo áreas secretas com recompensas de *power-up* navegável por um mapa automático do jogo que se constrói à medida que o jogador avança na missão e é finalizado ao se localizar a mensagem "Exit", em um botão sobre uma porta. São disponibilizados até 12 inimigos em cada fase, que diferem nos dois níveis de interatividade. Um grupo de monstros atacam o personagem atirando bolas de fogo, mordendo e rasgando a pele, outro grupo de monstros lutam entre si.

Figura 2.2 – **Doom (2016)**

Fonte: Doom 1..., 2022.

Os modos de interatividade também se diferenciam em *single-player* (monousuário) ou *multiplayer* (até quatro jogadores). A história do jogo acontece em seu manual e por mensagens entre os principais episódios. Ao final, é necessário finalizar três episódios contendo nove missões cada.

Sucesso de público, Doom serviu como modelo para diversos jogos que foram criados após seu lançamento, sendo disponibilizado gratuitamente seu código-fonte[3] para criação de níveis, arte e som, tanto para *single-player* quanto para *multiplayer*.

O modo jogador-desenvolvedor possibilita que os jogadores interajam diretamente com os programadores que desenvolveram o jogo. Essa relação direta permite aos desenvolvedores acompanhar e analisar os comentários, críticas e sugestões dos usuários pela interação direta com o público.

No modo *jogador-plataforma,* a interação pode ocorrer pela relação mútua entre jogador, *hardware* e *software* de uma plataforma de jogo digital. Podem surgir problemas relacionados à interatividade da plataforma, o que inclui recursos gráficos e de áudio do sistema. Para isso, são utilizados dispositivos de controle para a interface e a interação com o jogo. Nessa modalidade, podem ser inclusos os jogos que utilizam a *webcam*, o *Kinect* e o controle Wii (*Wiimote*), por exemplo.

Como vimos, as definições de interatividade em jogos digitais correspondem aos processos de comunicação acionados pela relação entre humano e máquina. Nesse contexto, existem ainda outros modos de ordem dinâmica na origem da interatividade. Segundo

---

[3] O Projeto Freedoom disponibiliza um catálogo com milhares de níveis desenvolvidos por fãs e apreciadores do jogo. Disponível em: <https://freedoom.github.io/>. Acesso em: 26 dez. 2022.

Couchot, Tramus e Bret (2003), a comunicação entre o humano e a máquina pode ser dividida em níveis de primeira e segunda interatividades.

- **Primeira interatividade**: corresponde à ação humana e à reação do sistema computacional.
- **Segunda interatividade**: corresponde à ação e à reação do próprio sistema computacional.

Também chamada de *interatividade de primeira ordem*, são mecanismos de *feedback* da ação humana em uma resposta computacional do sistema. Já na interatividade de segunda ordem, o sistema produz uma ação a si mesma, um modo artificial inteligente e autônomo.

Logo, podemos verificar que, para o planejamento dos níveis em um jogo, é importante compreender os modos de "primeira" e de "segunda" interatividades. A primeira trata-se de um modo livre de se percorrer caminhos e interagir com elementos que só respondem (*feedback*) ao serem acionados pelo jogador. Na segunda, o próprio sistema é programado para atuar de maneira autônoma por meio de personagens (agentes, avatares e robôs) dotados de inteligência artificial para interagirem entre si.

Na educação a distância, por exemplo, são hoje usados agentes e tutores virtuais de segunda ordem de interatividade que auxiliam o aluno no processo de aprendizagem. Sobre isso, Tori (2017, p. 112) ressalta: "agentes e tutores inteligentes podem utilizar objetos de aprendizagem, buscando-os e tomando decisões em função de seus metadados", ou seja, relações internas que caracterizam a interatividade de segunda ordem.

Ao *level designer*, portanto, cabe o papel de decupar o roteiro do jogo digital, pontuando os níveis de interatividade em primeira e segunda ordens em uma progressão de dificuldade de modo que o jogo esteja alinhado com o envolvimento cognitivo e emocional do jogador em uma partida.

O jogador precisa acreditar que está realmente "dentro" do jogo, precisa ter a sensação de que o jogo é um "tipo de realidade". Assim, compreendidos os aspectos que caracterizam a interatividade de primeira e segunda ordens, partimos para a reflexão sobre os aspectos que configuram a imersão do jogador.

2.2 Aspectos da imersão

A imersão em jogos digitais é uma experiência sensorial participativa de ilusão perceptiva que faz com que sejamos transportados para outra realidade. Os ambientes dos jogos, por meio de interfaces como a tela dos computadores, por exemplo, remetem a essa experimentação participativa. O jogador, ao controlar um jogo através de setas do teclado, *mouse* ou *joystick,* interage por meio de ações reais que refletem no ambiente digital.

É a correspondência dos movimentos que permite o envolvimento cognitivo e emocional do jogador com a outra realidade. Sobre o conceito de imersão, Grau (2007, p. 257) afirma:

> A imersão pode ser um processo mentalmente ativo; na maioria dos casos, porém, a História da Arte antiga e na mais recente, a imersão é a absorção mental iniciada com o propósito de desencadear um processo, uma mudança, uma

transição. Suas características são uma distância crítica reduzida daquilo que é representado, e um envolvimento emocional com o produto.

Em jogos digitais, a imersão envolve a adoção da realidade virtual como principal realidade. O jogador está mentalmente conectado a uma experiência sensorial perceptiva, que pode simular aspectos da realidade física que conhecemos. Para Murray (2003), a narrativa no ambiente digital disponibiliza ao usuário a oportunidade de experienciar a imersão.

A imersão permite que sejamos levados para outras realidades. A dosagem de desejo em vivenciar outros mundos é transferida pela narrativa, a qual faz nosso cérebro sintonizar o enredo proposto, de modo a cancelar temporariamente a realidade física ao nosso redor. Assim, sentimo-nos envolvidos na história de outra dimensão que nos é apresentada. Um mergulho em uma vivência imersiva contemplada pelo prazer da experimentação interativa. De acordo com Murray (2003), o termo *imersão* é uma metáfora da experiência física e mental de estarmos submersos na água.

> Buscamos uma experiência psicologicamente imersiva a mesma impressão que obtemos num mergulho no oceano ou numa piscina: a sensação de estarmos envolvidos por uma realidade completamente estranha, tão diferente quanto a água e o ar, que se apodera de toda a nossa atenção, de todo o nosso sistema sensorial. (Murray, 2003, p. 102)

Com base no proposto por essa autora, entendemos que a imersão é uma metáfora usada para representar a experiência sensorial de estarmos cercados por informações por todos os lados, em um ambiente diferente daquele ao qual estávamos anteriormente acostumados e que nos é percebido e assimilado em nosso consciente e inconsciente. Seguindo Mlodinow (2013), não percebemos tudo de modo consciente: há um registro inconsciente das informações que é apresentado aos nossos sentidos.

A imersão propõe a atenção sensorial de informações e, neste contexto, podemos ter diferentes níveis de conexão, conforme o grau de envolvimento. Ao lermos um livro, assistirmos a um filme, por exemplo, estamos conectados mentalmente (de maneira consciente e inconsciente) com as obras. David Perry[4], ao falar sobre o futuro dos *games*, sempre vislumbrou potenciais investimentos, progressos e define *imersão* como "pessoas atingindo um estado mental de abandono à experiência. Para o jogador, o tempo para – como quando o filme termina e os espectadores se espantam que tenham transcorrido duas horas" (Novak, 2010, p. 417).

Formulamos cenários, cores, músicas e cheiros em aspectos narrativos que representam outra realidade. É nas criações artísticas realizadas na década de 1990 que podemos analisar os primeiros trabalhos artísticos imersivos com uso de ambientes em realidade virtual.

Osmose (1995)

Na obra *Osmose*, criada pela artista canadense Char Davies e exibida em 1995, por exemplo, podemos verificar os desafios da comunicação entre o humano e a máquina nos aspectos da imaginação criativa. Trata-se de uma instalação artística[5], elaborada em um

---

[4] Notório desenvolvedor irlandês de jogos e investidor do setor.

[5] Vídeos, fotos e textos da instalação artística *Osmose* (1995) estão à disposição no *site* da autora. Disponível em: <http://www.immersence.com/osmose/>. Acesso em: 26 dez. 2022.

ambiente projetado para a interação do público com a obra. Osmose é um sistema composto por *hardware* e *software*. Os *hardwares* são os elementos físicos de entrada da informação, são compostos por um colete com sensores e um dispositivo de *display*, usado na cabeça (*Head-Mounted Display* – HMD). Os *softwares* são os elementos digitais que envolvem os algoritmos para a geração autônoma de imagens tridimensionais 3D.

O público, ao entrar na instalação artística, é convidado a interagir com a obra. Para isso, é necessário vestir o colete dotado de sensores de rastreamento de movimento, de respiração e o *display* sobre a cabeça, de modo a bloquear a realidade que o cerca. É também elevado por um cabo de aço que o suspende um pouco do chão. Nesse momento, são acionadas imagens digitais tridimensionais de paisagens líquidas que são visualizadas pelo usuário em seu *display*. O usuário está completamente imerso em um sistema de realidade virtual, e a interatividade acontece ao respirar e ao movimentar o corpo no ambiente. São projetadas imagens autônomas que mudam de estrutura quando o usuário se desloca para direita e para esquerda, para frente e para trás, ou quando inclina o corpo. São os rastreadores, dispositivos magnéticos e captadores de movimento, ou, ainda, expirando e inspirando em um ambiente digital que a paisagem virtual fluida se compõe.

Char Davies destaca-se mundialmente no campo da realidade virtual, sendo considerada pioneira no uso de sistemas interativos de *biofeedback,* ou seja, na criaçao de mecanismos de resposta imediata da informação digital através de dispositivos sensórios eletrônicos em processos fisiológicos.

Na obra *Osmose* (1995), a narrativa imersiva da paisagem fluida é a chave para a relação experiencial do interator, o que se deve ao fato de a artista ser também uma mergulhadora na vida real. Assim, em jogos digitais, Murray (2003) observa que, para existir imersão, é necessário que o jogador esteja vivenciando o momento proporcionado pelo ambiente dentro da narrativa. Mas como a história afeta a imersão de um jogo digital?

Com relação à narrativa interativa imersiva, podemos verificar que os jogos digitais permitem assumir novas identidades, atuar como protagonistas em histórias, disponibilizando infinitas possibilidades ao jogador. A interatividade resultante do número de jogadores, por exemplo, permite modificar os atributos da estrutura de narrativa de um *game*, ou seja, o modo de contar a história. Os elementos narrativos, portanto, podem ser divididos em: não linear, controlado pelo jogador e por colaboração, conforme explicamos a seguir:

- **Não linear**: são histórias que permitem ao jogador a escolha livre de diferentes caminhos do jogo.
- **Controlado pelo jogador**: a história muda de acordo com quem está jogando. É narrada pelo próprio jogador, por exemplo: a personalização das características dos personagens, a construção de versões de um *game* e a criação de padrões de comportamento a partir do diálogo dentro de um jogo.
- **Por colaboração**: são histórias elaboradas a partir do envolvimento de vários jogadores (multijogadores) que realizam a personalização de detalhes dos personagens que modificam o enredo.

Os elementos narrativos em um ambiente digital como o jogo, a partir da convergência de mídias, possibilitam que se estabeleça interação entre o jogador e a história para a elaboração de novos enredos. O jogador pode optar por qualquer combinação de caminhos e experimentar a história de maneira diferente a cada partida. Essas narrativas permitem elaborar outras diferentes formas de mundo. Os *level designers* podem facilitar ao jogador a possibilidade de criar conteúdos e compreensões sobre a vida real ou imaginária, ficção e fantasia.

De modo semelhante ao universo dos *games*, alguns cineastas já experimentaram a criação de roteiros e narrativas não lineares. No filme *Pulp Fiction: tempo de violência* (1994), o diretor e roteirista americano Quentin Tarantino criou uma estrutura em que várias narrativas foram interligadas a partir de um conjunto de ações separadas por personagem e temas de episódios específicos. Em um momento, as cenas são apresentadas em sequência para a compreensão linear da história. Assim como nos *games*, os filmes têm estruturas que ampliam o grau de imersão do espectador com uso de dois conhecidos elementos: a suspenção da descrença e o realismo.

Suspenção da descrença

É quando a história faz, de alguma forma, com que o público esqueça a vida real e admita como factual a realidade artificial criada. As regras e experiências são aceitas pelo espectador do filme ou jogador do *game* e podem não fazer sentido no mundo real. No cinema, por exemplo, aceitamos a ideia da realidade ficcional do filme *Avatar* (2009, dirigido por James Cameron), mesmo que saibamos que não existe ecossistema parecido no nosso planeta ou em planetas conhecidos pelo homem. Assim é nos jogos, a ideia é que o jogo seja verossímil de modo a levar o jogador à credulidade.

Realismo

Diferentemente do efeito de "suspenção da descrença", o realismo é usado nos jogos digitais para imitar o mundo real com o máximo de fidelidade e autenticidade. As histórias incluem um realismo visual que se assemelha fidedignamente ao mundo factual. No jogo Call of Duty – CoD (2003, Activision), por exemplo, a história é conduzida pela jogabilidade e pela interface gráfica. Em razão do nível de imersão de tiro em primeira pessoa (*first-person shooter* – FPS), proporcionado pela experiência do jogador, o jogo é classificado como um jogo para adultos, isto é, maiores de 18 anos. Os jogos militares tendem a utilizar a técnica de realismo para atrair os fãs do gênero. As armas, por exemplo, são autênticas simulações de engenharia militar usadas na época da Segunda Guerra Mundial[6] reproduzindo com grande veracidade a violência da guerra.

---

6   Com a exceção das versões: Call of Duty 4: Modern Warfare (2007) e Call of Duty: Modern Warfare 2 (2009), que se passam em tempos modernos; Call of Duty: Black Ops (2010), que ocorre durante a Guerra Fria, e Call of Duty: Modern Warfare 3 (2011) que se passa em um futuro próximo, Call of Duty: Black Ops II (2012), que se passa em 2025.

Figura 2.3 – **Call of Duty utiliza detalhes ambientais para representar de maneira realista o mundo do *game***

Fonte: MWII PC..., 2022.

Como vimos, os aspectos da imersão envolvem os elementos narrativos do jogo: não linear, controlado pelo jogador e por colaboração. Outros envolvem as estruturas de suspenção da descrença e o realismo que desempenham um papel importante para a imersão nos jogos digitais como também no cinema. O modo de jogar (jogabilidade), promovido pela interação e compressão da história, além de proporcionar a conexão de imersão, deve cumprir ainda outra função: ajudar o jogador a efetivamente jogar o *game*.

2.3 Jogabilidade (*gameplay*)

De maneira geral, a jogabilidade, ou *gameplay,* é a forma como interagimos com o jogo e concentra-se na mecânica do jogo digital a partir da reflexão do que motiva as pessoas a jogá-lo. Nesse contexto, o profissional de *level design* deve elaborar uma proposta de experiência ao jogador, que permita que a história se desenrole com naturalidade e leveza. Alguns autores definem isso como jogabilidade.

Novak (2010, p. 186) afirma que "a jogabilidade pode ser definida como as escolhas, os desafios ou as consequências enfrentadas pelos jogadores ao navegar em um ambiente virtual". Já segundo Juul (2003), a jogabilidade seria um conjunto de características que pode ser aplicado em jogos digitais ou tradicionais (não digital), conforme observamos a seguir:

- **Regras**: jogos devem ter regras que criem um sistema jogável.
- **Variabilidade dos resultados**: as diferentes ações do jogador desencadeiam distintos resultados.
- **Valor dos resultados**: alguns são mais desejáveis; outros, menos.
- **Esforço do jogador**: o jogador age de modo diferente, criando a variabilidade.
- **Valorização dos resultados para o jogador**: o jogador pode ganhar ou perder e ter diferentes reações a isso.
- **Consequências negociáveis**: o jogo pode ser atrelado (ou não) a consequências na vida real.

Muitos são os modos de interagir com o jogo e não há uma receita pronta para isso, contudo, o conjunto de caraterísticas de *gameplay* apresentado por Jull (2003) permite-nos analisar os jogos digitais de sucesso no mercado. Por exemplo, na série The Sims (2000, Maxis e The Sims Studio), há regras que permitem interagir com o personagem em um programa de simulação da vida real baseado em agentes. Tais regras são regidas pela teoria de "hierarquia de necessidades de

Maslow", elaborada pelo psicólogo Abraham Maslow, que define cinco categorias das necessidades humanas: fisiológicas, segurança, afeto, estima e autorrealização, como vemos na figura a seguir.

Figura 2.4 – **Representação em pirâmide da hierarquia de necessidades de Maslow**

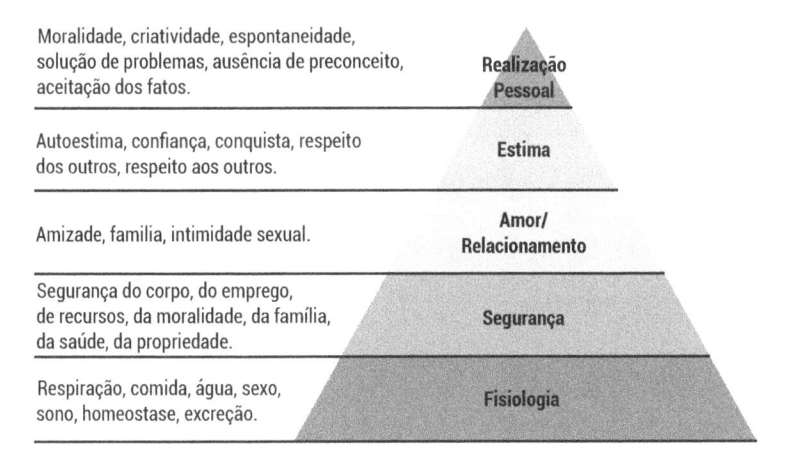

Moralidade, criatividade, espontaneidade, solução de problemas, ausência de preconceito, aceitação dos fatos.	Realização Pessoal
Autoestima, confiança, conquista, respeito dos outros, respeito aos outros.	Estima
Amizade, família, intimidade sexual.	Amor/Relacionamento
Segurança do corpo, do emprego, de recursos, da moralidade, da família, da saúde, da propriedade.	Segurança
Respiração, comida, água, sexo, sono, homeostase, excreção.	Fisiologia

Fonte: Hierarquia..., 2022.

Contudo, a hierarquia de algumas das necessidades básicas no jogo são: fome, conforto, higiene, banheiro, energia, diversão, social e ambiente. Cada necessidade é administrada e visualizada pelo jogador em um painel de controle. No caso de o personagem *Sim* ter nível baixo de fome, o jogador deve realizar o comando da ação de comer, e o personagem abrirá uma geladeira e comerá sanduíches até que o nível esteja completo. Se estiver com o nível baixo de higiene, por exemplo, o comando de ação de tomar banho será realizado e, assim, as necessidades de Maslow são abordadas como comandos e decisões dados ao personagem *Sim* relacionando-se com outros personagens e ambientes. Os diferentes caminhos e as ordens de escolhas configuram a variabilidade dos resultados.

A valorização dos resultados no jogo se efetiva quando alguns são eleitos, pelas regras, melhores do que outros. Por exemplo, a simulação financeira é realizada a partir da necessidade de emprego e ganho de dinheiro[7], assim como ocorre na vida real. Em *The Sims*, o jogador realiza o comando de pedir aos *Sims* para procurar emprego, trabalhar, pagar contas e, até mesmo, tirar vantagem de suas habilidades para avançar na profissão. No jogo, cada emprego tem um plano de carreira desejável, de modo que cada *Sim* pode mudar de carreira, de emprego, ocupar um cargo de chefia ou mesmo ficar desempregado.

Dessa forma, podemos refletir sobre os desafios encontrados pelo jogador, quais são os métodos usados para superá-los, como o jogador avança no jogo e como os desafios tornam-se mais difíceis. A fim de criar um método para responder a essas questões, utilizaremos como referência a divisão da história em níveis definidos por diferentes ambientes, visando manter a coerência com os atos do roteiro do filme de animação *Megavirus*, adaptado para o jogo digital homônimo, conforme o Quadro 2.1.

---

[7] *Simoleon* (§) é o nome da moeda fictícia da série The Sims.

Quadro 2.1 - **Divisão da história em níveis por diferentes ambientes**

Nível 1	Nível 2	Nível 3	Nível 4	Nível 5
Ambiente urbano – Vila dos Bichos. Rua e relevos que influenciam a velocidade e objetos da cidade, como obstáculos e transeuntes como inimigos.	Ambiente aquático – Rio com labirintos, correntes de água que influenciam a velocidade. Objetos aquáticos como: obstáculos e seres aquáticos inimigos.	Ambiente 2D – Tela de computador com imagem de jogo 2D. Os ambientes 2D são: floresta tropical, deserto, gelo e floresta em chamas.	São 3 fases cujos ambientes são as mentes dos personagens infectados.	O ambiente é a mente do Ratão.

Fonte: Munhoz; Munhoz, 2017.

Segundo Munhoz e Munhoz (2017), a divisão de níveis em ambientes permite que se elabore uma estrutura de dificuldade progressiva por níveis de conflito. Após essa primeira estruturação, são distribuídos os personagens (avatares), as habilidades relacionadas e os itens, a fim de se planejar um *design* de interação dos personagens principais e suas mecânicas seguindo uma progressão.

Quadro 2.2 - **Níveis, avatares, habilidades e itens**

Nível 1	Nível 2	Nível 3	Nível 4	Nível 5
Avatar: Tales	Avatares: Tales e Jairzinho	Avatares especiais do jogo 2D	Avatares: Tales, Bandeira e Jairzinho	Avatares: Tales, Bandeira e Jairzinho
Habilidades básicas	Habilidades básicas	Habilidades básicas	Habilidades básicas e especiais	Habilidades básicas e especiais
Item: Bicicleta	Itens: Peixe elétrico para iluminação	Itens do ambiente 2D (teia de aranha, sapo, tucano etc.)	Itens pessoais, Espada, Chicote e Arco	Itens pessoais: Espada, Chicote e Arco

Fonte: Munhoz; Munhoz, 2017.

A apresentação dos personagens no jogo deve seguir a estrutura narrativa da história, alinhada à revelação de ambientes, habilidades e itens relacionados. No jogo, as habilidades são divididas em básicas e especiais. "As habilidades básicas são: mover-se (andar, correr, nadar, pular, desviar, abrigar-se), gerenciar itens (coletar, mover/posicionar e colecionar itens), gerenciar recursos (*stamina*) e controlar avatares (alternar, controlar e coordenar habilidades)" (Munhoz; Munhoz, 2017, p. 10). As habilidades especiais, por sua vez, correspondem ao combate de "apontar, atirar, girar e golpear" vinculados aos itens específicos dos personagens "Tales/espada, Bandeira/chicote e Jairzinho/arco" (Munhoz; Munhoz, 2017). Contudo, as informações sobre o modo de jogar, ou seja, o modo como o jogador interage com o ambiente do jogo, deve ser disponibilizada com a preocupação de apresentar as ações gradativamente conforme o jogo evolui.

Quadro 2.3 - **Mecânicas de *Megavirus***

Nível 1	Nível 2	Nível 3	Nível 4	Nível 5
Correr. Pular. Desviar. Coletar. *Stamina*.	Nadar, desviar, coletar, *stamina*, mover, *stealth*, controlar 2 avatares.	Andar Pular Coletar Posicionar.	Andar, correr, pular, desviar, coletar, mover/posicionar, *stamina*, *stealth*, alternar avatares, controlar 2 avatares, apontar/ atirar, girar, golpear.	Andar, correr, pular, desviar, coletar, mover/posicionar, *stamina*, *stealth*, alternar avatares, controlar 2 avatares, apontar/atirar, girar, golpear.

Fonte: Munhoz; Munhoz, 2017.

A apresentação progressiva das interações do jogador com seu avatar permite o engajamento pela aquisição da habilidade com caráter de novidade sempre presente no jogo. Em cada nível, o desempenho se torna mais complexo, fortalecendo o interesse em continuar a partida para revelar o mistério da história. A seguir, os autores apresentam as metas e os objetivos do jogo.

Quadro 2.4 – **Objetivos e metas de *Megavirus***

Nível 1	Nível 2	Nível 3	Nível 4	Nível 5
Apresentar o universo Brichos – a vila e os personagens.	Apresentar o ambiente aquático do universo Brichos.	Descobrir o problema – a invasão virótica.	Eliminar o vírus das mentes dos personagens infectados.	Derrotar o *Boss*.
Perseguir os personagens Bandeira e Letícia pelas ruas da vila.	Explorar o rio e resgatar os personagens Bandeira e Letícia.	Explorar o universo do jogo 2D no computador do Bandeira.	Explorar e combater os vírus.	Explorar o ambiente e combater o *Boss*.
Fim da fase: completar o percurso sem perder de vista os personagens.	Fim da fase: resgatar os personagens.	Fim da fase: completar o jogo 2D antes que a gosma tome conta da tela do computador.	Fim da fase: eliminar o vírus das mentes dos personagens infectados.	Fim da fase: derrotar o *Boss*.

Fonte: Munhoz; Munhoz, 2017.

De maneira geral, a jogabilidade envolve todas as experiências do jogador em relação ao controle e aos desafios, permitindo o engajamento do jogador. Para Azevedo (2005, p. 44-45), "uma das maiores motivações dos jogadores está na obtenção de recompensas de acordo com o seu desempenho (*performance* no sistema)". Segundo esse autor, as recompensas podem ser classificadas da seguinte forma:

- *Score*: recompensa por pontuação; é o tipo mais comum.
- **Upgrades**: recompensas para obtenção de acessórios, elementos para adquirir armas e itens que auxiliam no jogo.
- **Conquistas e metas complexas**: recompensa por motivações reais humanas que são transferidas para o jogo, por exemplo, tornar-se presidente, subir em um pódio, conseguir um emprego no jogo que é almejado na realidade.
- **Revelação de segredos**: recompensa por meio de informações ou dicas indispensáveis a respeito do jogo ou de outros jogadores que auxiliam para que o jogador siga para outras fases.
- **De ordem financeira**: os jogadores podem adquirir dinheiro real ou virtual como recompensa.

As recompensas são mecanismos utilizados para o engajamento do jogador, ou seja, são técnicas aliadas do *level designer*. Sobre esse assunto, que envolve a recompensa de ordem financeira, observamos o crescente uso de moedas virtuais com uso de criptografia, também conhecidas por *criptomoedas*.

O *Bitcoin*, por exemplo, vem sendo potencialmente utilizado para a compra de mercadorias, habilidades, máquinas, entre outros. Bancos, empresas e jogos digitais estão evoluindo para o uso da tecnologia de criptomoeda para a compra de mercadorias somadas a sistemas de pontuação. Outras principais moedas virtuais são: *Ethereum, Ripple, Litecoin, Dash* e *Zcash*[8].

Como vimos, muitos são os modos de se jogar, contudo, os jogos digitais de sucesso no mercado e as pesquisas nacionais realizadas por notórios pesquisadores do setor apontam para investigações

---

[8] Acompanhe em tempo real os valores de câmbio de criptomoedas mais utilizadas. Disponível em: <https://coinmarketcap.com/pt-br/>. Acesso em: 26 dez. 2022.

sobre a jogabilidade. Nesse caminho, os autores Cuperschmid e Hildebrand (2013) apresentam uma lista de heurísticas de jogabilidade, a fim de contribuir para o desenvolvimento de jogos dentro de um padrão de qualidade, conforme descrito a seguir[9]:

1. O jogador precisa obter informações necessárias para iniciar um jogo. O game precisa ser introduzido por meio de tutoriais interativos. Os jogadores precisam ativar o tutorial de forma ágil e fácil, com progressão de complexidade gradualmente adaptável.
2. O jogador não deve recorrer ao uso de um manual de instruções, porém, esse recurso deve estar disponível com todas as informações para consulta no jogo. Para isso, sugere-se o fornecimento de pequenos itens de ajuda durante o jogo através do uso de personagens que surgem à medida que o jogo se desenvolve para orientar sobre a próxima etapa.
3. O jogador precisa ser apto para iniciar ou encerrar a partida do jogo naturalmente, visualizar e selecionar opções como recursos de ajuda, gravar e pausar em diversas situações e níveis de modo que as principais informações estejam acessíveis de localizar.
4. O design de projeção do game precisa evitar e prevenir a ocorrência de erros por meio de informações gráficas ou textuais que comuniquem aviso e alerta, com o uso de frases do tipo: "Tem certeza de que deseja sair do jogo?" ou " Você deseja salvar a partida antes de sair do jogo?".

---

9   Adaptamos a linguagem da Lista Heurística de Jogabilidade para melhor compreensão do aluno.

5. O jogo em questão precisa assegurar que o jogador não necessite reiniciar a partida por motivo de erros. É recomendado que seja possível gravá-la em cinco etapas diferentes e carregá-lo novamente quando requisitado ou deve possibilitar que o jogador volte para a última ação sucedida corretamente.
6. A interface de interação do jogo deve conter poucos controles para facilitar a jogabilidade.
7. A interface do jogo precisa ser estável em modos de interação por controles, apresentações gráficas em cores, estruturas de layout, elementos para a navegação e nas diferentes formas de diálogos. O menu precisa ser acionado como parte integrante do jogo, ou seja, o aspecto visual deve ser alinhado ao contexto do jogo.
8. O jogo deve disponibilizar diferentes modos para executar as ações, para que os jogadores realizem as escolhas de que mais gostarem. A interface precisa ser simples o bastante para que os novatos no jogo possam compreender e aprender rapidamente os controles básicos. Precisa também ser ampliável, para que os jogadores mais experientes possam utilizar atalhos, de modo a aperfeiçoar a sua performance no jogo.
9. Não deve haver tarefas e ações muito repetitivas ou entediantes no jogo. Para evitar isso, é recomendado que o sistema ofereça diversas opções de caminhos para execução, de forma a promover uma sensação de liberdade e, assim, conduzir uma experiência única que permite que cada jogador formule a sua própria história.
10. O jogo deve oferecer um *feedback* imediato sobre as ações realizadas pelo jogador. Para cada comando, deve haver uma resposta imediata do sistema. As informações de resposta sobre a progressão do jogador devem ser contínuas para que consiga constatar sua evolução, pontuação e status durante todo o jogo.

11. O jogo precisa, necessariamente, utilizar uma comunicação familiar ao jogador, por meio de linguagens, palavras, frases e conceitos que facilitem o entendimento do público-alvo do jogo.
12. O jogo precisa disponibilizar opções de personalização, ou seja, recursos de customização como opções de modificação para a personalização de personagens, roupas, transportes até mesmo, níveis, cenas entre muitos outros.
13. O jogo precisa ter um objetivo bem claro ou apoiar objetivos instituídos pelo jogador.
14. O jogo deve ter os seguintes objetivos: um de longo prazo, um de médio prazo e um imediato.
15. O jogo precisa ter regras claras ou apoiar regras criadas pelo jogador.
16. Para o jogo, é necessária a obtenção de resultado justo.
17. É preciso que os jogadores sejam gratificados durante o período de aprendizagem em uma partida de modo a estimular gradativamente a experiência do jogador.
18. O jogo precisa apresentar desafios, problemas e obstáculos que sejam identificáveis ao jogador.
19. O jogo deve exibir diversos e diferentes níveis de dificuldade a ser determinada das seguintes formas: automático com base à performance do jogador; a partir da escolha do nível pelo jogador ou com referência a habilidade do adversário.
20. O jogo precisa ter diversas formas de vencer.
21. Deve ser original e a fantasia precisa relembrar objetos físicos ou situações sociais reais ou fictícias de modo a ampliar sua credibilidade.

22. Jogos que contenham histórias narrativas e personagens precisam despertar ou envolver o jogador à curiosidade pelo que eles representam.
23. O jogo precisa fornecer efeitos sonoros agradáveis, interessantes e aparência gráfica visual atraente para engajar os jogadores no ambiente.
24. O jogo precisa apresentar novidades, surpresas e conteúdo que promovam estimular as ações e reações dos jogadores.
25. O jogo precisa ser projetado de modo que seja divertido jogá-lo novamente.
26. O jogo precisa sustentar a comunicação em seus diferentes modos.
27. O jogador deve perceber outros jogadores e ser capaz de interagir entre eles para elaborar estratégias de jogo ou para obter ajuda e colaboração.
28. O jogo precisa apoiar, suportar ou promover a formação de grupos ou comunidades.
29. O jogo precisa proporcionar o suporte para o encontro entre jogadores. Recomenda-se fornecer um mecanismo de busca.
30. O jogo precisa oferecer informações sobre os outros jogadores que estejam no jogo. Para isto, faz-se necessário identificar o(s) adversário(s) e o(s) aliado(s) para prevenir erros.
31. O jogo deve oferecer o modo de jogo para um único jogador (*single player*).
32. O jogo precisa eliminar elementos e comportamentos anormais, perversos e impróprios. Deve interromper as ações e atividades dos jogadores que violarem regras ou que atrapalharem outros jogadores.

> 33. O jogo deve ser projetado de modo a calcular os riscos que envolvem a conexão em rede, como as desconexões que podem interromper o jogo e latências que promovem atrasos na interação de modo a acarretar o insucesso de uma partida.

Segundo esses autores, o processo de criação da lista de heurísticas de jogabilidade teve como objetivo realizar uma pesquisa e desenvolvimento de uma relação lógica de diretrizes de jogos em sistemas de computador pessoal (*personal computer* – PC) a partir da literatura especializada e estudos de caso de sucesso. A ideia central da lista de heurísticas é possibilitar o uso como um método de avaliação que permite identificar potenciais problemas relacionados ao projeto de um jogo digital, como as estruturas computacionais de interação e de design nas mais diversas fases de um *game*.

Aqui, vamos utilizar o conceito de *design* de interação, aquele que avalia os jogos digitais tanto na usabilidade quanto na interação com o jogador. Para o profissional *game designer*, em específico, na projeção de níveis (*level designer*), faz-se necessário compreender as recomendações da lista de modo a garantir padrões de qualidade para a jogabilidade.

As heurísticas de jogabilidade permitem utilizá-las como referência para a avaliação de um jogo digital, ou seja, para a identificação de problemas específicos de usabilidade e entretenimento, contudo, sem as considerações diretamente relacionadas a acessibilidade, audição, deficiência visual e aprendizagem. Segundo Cuperschmid e Hildebrand (2013), os jogos digitais acessíveis estão se tornando presentes na comunidade de desenvolvedores, gerando a necessidade de mais pesquisas no setor.

Esses autores sugerem validar a lista proposta com base na avaliação de projetos em jogos digitais, para que se possa verificar a aplicação a todos os tipos de *games* e, assim, contribuir para a melhoria do desenvolvimento de heurísticas. As alterações a serem realizadas pela avaliação das heurísticas são mais fáceis de se fazer ao escrever os recursos na documentação do projeto do jogo digital, entretanto, exige muito tempo e trabalho para modificar o sistema de um jogo já existente.

As heurísticas, enquanto diretrizes que servem como uma ferramenta de avaliação, podem ser efetivamente modificadas, ampliadas ou melhoradas para uso em outros dispositivos e interfaces de *games*, ampliadas à pesquisa e avaliação em jogos desenvolvidos para diversos suportes tecnológicos: Nintendo Wii, Nintendo DS, Game Boy, Game Cube, PlayStation, XBox, *smartphones*, *tablets*, entre muitos outros.

É importante observarmos que os desafios no campo das heurísticas de jogabilidade estão apenas começando. Estamos iniciando pesquisas e atividades que envolvem novos estímulos sensoriais que desafiam os comportamentos tradicionais de interação humano--computador. As tecnologias que emergem a cada momento como as existentes, por exemplo, na realidade aumentada, na inteligência artificial e no 5G com o uso de óculos digitais, podem proporcionar a transformação dos modos de usabilidade e interação com o jogador de modo inimaginável.

Para um jogo digital, o profissional *level designer* deve observar a "lista de heurísticas de jogabilidade", com vistas a contribuir para o estudo e elaboração de níveis de um jogo digital. Ciente de que o profissional deve propiciar o engajamento do jogador durante um jogo, é necessário também compreender os caminhos que envolvem os estados mentais de fluxo de satisfação (*gameflow*) por meio de desafios que promovem novas habilidades.

2.4 Fluxo do jogo (*gameflow*)

O fluxo do jogo, também chamado *gameflow*, permite compreender o estado de satisfação do jogador durante o jogo. Trata-se de um estado maior de foco e concentração, proporcionado pela experiência imersiva do jogador em atividades e desafios que promovem a satisfação ao adquirir novas habilidades.

Para conhecermos o conceito de *gameflow*, primeiramente precisamos conhecer a origem do conceito "estado de fluxo" definido pelo psicólogo Mihaly Csikszentmihalyi em 1975. A fim de investigar questões como "por que é tão difícil ser feliz?" e "qual é o significado da vida?", o autor realizou uma investigação transdisciplinar nas áreas de esportes, artes, religião, filosofia, entre outras. Com isso, constatou que "riqueza não traz felicidade", ou seja, o crescimento econômico não corresponde ao crescimento da felicidade. Entretanto, foi a partir dessa pesquisa que o autor constatou "atividades ótimas" que promovem a felicidade, ou seja, o estado de *flow*.

O estado de *flow* (fluxo ou fluidez) corresponde ao estado mental de felicidade que nos dá a impressão ilusória de não estarmos na realidade física que conhecemos, mas sim em uma realidade ideal de satisfação de nossos sentidos. O autor observou, também, que as pessoas entram em um estado de imersão quando dedicadas exclusivamente a uma tarefa ou desafio que promova um novo conhecimento. Características de hiperfoco e conceitos relacionados a transe, hipnose, hipomania e atenção plena são relacionados a esse contexto (Csikszentmihalyi , 2007).

Assim, podemos compreender que o *gameflow* corresponde ao processo de imersão do jogador, por meio de uma condução mental em atividades que o desafiem e proporcionem novas habilidades, as quais são adquiridas ao se apreender os mecanismos físicos e cognitivos que envolvem os níveis.

Por exemplo, para elaboração de um jogo digital, o profissional *level designer* deverá observar as questões relacionadas ao monitoramento da posição do jogador, de modo a informá-lo sobre o processo de cumprimento de metas e objetivos, proporcionando o equilíbrio das opções estratégicas disponíveis ao jogador em determinado local no ambiente digital. O fluxo do *game* garante que o jogador fique em determinado lugar (ou áreas específicas) até que complete com satisfação as metas e os objetivos necessários para avançar de nível. Proporciona, assim, um novo aprendizado, desenvolvendo a habilidade por meio de desafios e atividades que o engajam. O jogo deve ensinar sempre coisas novas, até que o jogador adquira a habilidade para desenvolver a atividade por si mesmo, sempre aumentando o desafio.

O psicólogo Mihaly Csikszentmihalyi[10] criou o conceito de estado de fluxo (ou fluidez), base para criar mecanismos digitais que promovem o engajamento afetivo do jogador.

---

10 Assista à palestra *Fluidez, o segredo da felicidade!*, realizada em 2004 para a série de conferências internacionais *Technology, Entertainment, Design* (TED) e domine esse conceito. Disponível em: <https://www.ted.com/talks/mihaly_csikszentmihalyi_flow_the_secret_to_happiness?language=pt-br>. Acesso em: 26 dez. 2022.

SÍNTESE

Neste capítulo, analisamos alguns conceitos fundamentais para o desenho de níveis, com ênfase na interatividade, na imersão, na jogabilidade (*gameplay*) e no fluxo do jogo (*game flow*), como quatro principais conceitos utilizados para a criação de níveis nos jogos digitais. Logo, fornecemos os principais conceitos associados à interatividade com fundamento em renomados autores do setor para a percepção, o entendimento e a análise de sistemas interativos no processo de criação de níveis. Buscamos, também, compreender os aspectos da imersão pela exemplificação de trabalhos comerciais e artísticos pioneiros na navegação sensorial em realidade virtual.

O conceito de jogabilidade (*gameplay*) foi abordado pela definição do conceito, da exemplificação e da compreensão da lista heurística de jogabilidade, que permite entender a forma como interagimos com o jogo e a reflexão do que motiva as pessoas a jogá-lo. Por fim, verificamos a origem do conceito "fluxo de jogo" (*gameflow*), pelo entendimento do "estado de fluxo", isto é, pela satisfação do jogador ao cumprir atividades e desafios que promovem novas habilidades em um jogo.

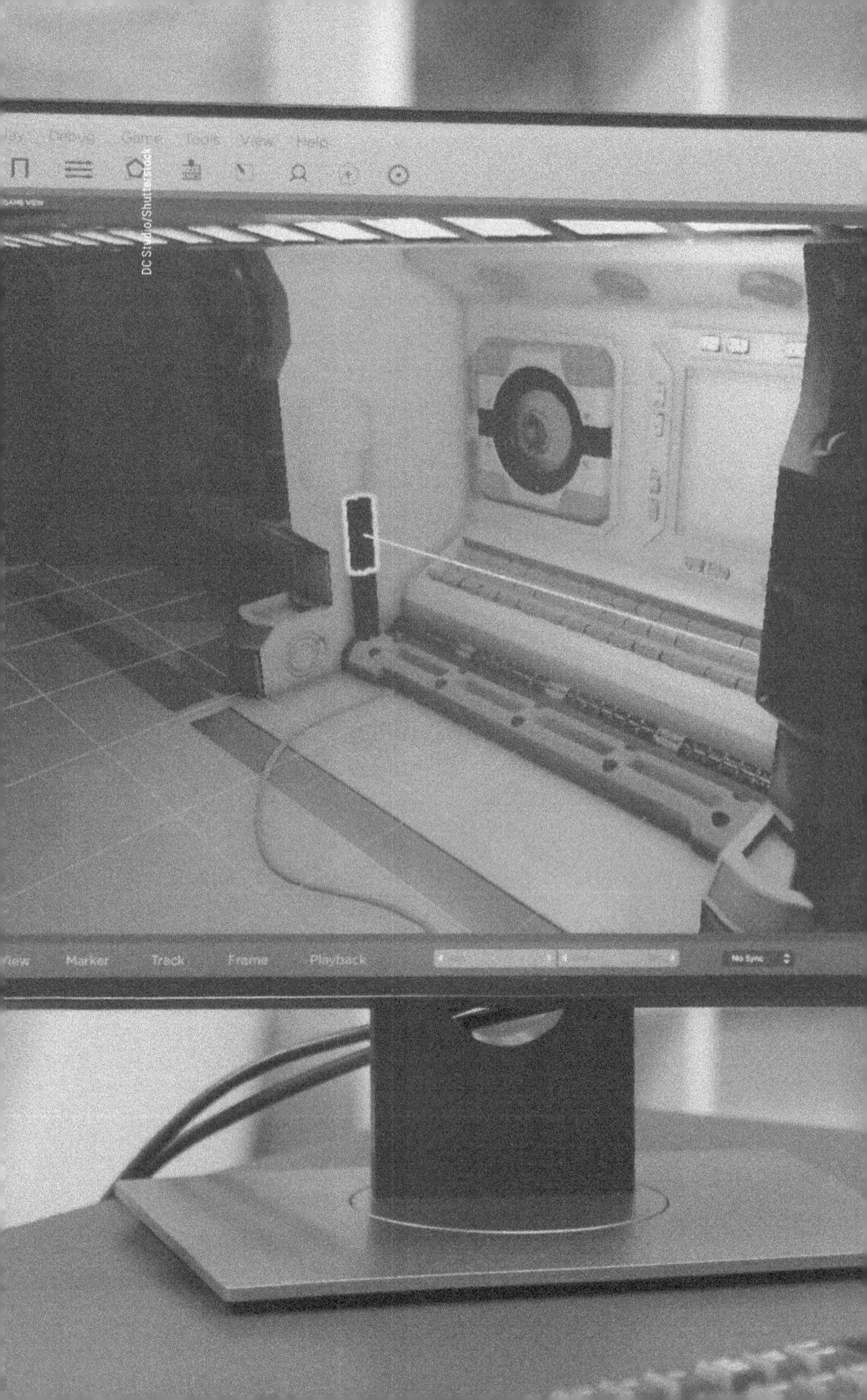

DC Studio/Shutterstock

CAPÍTULO 3

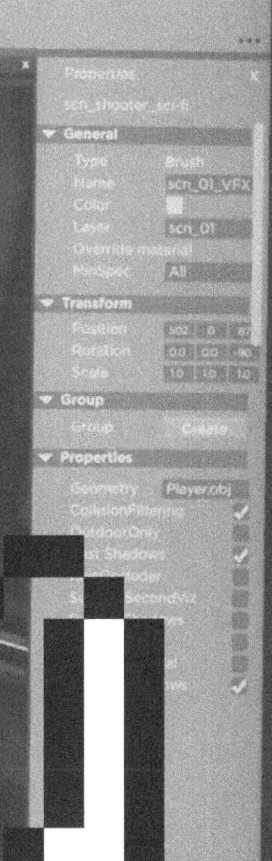

INTERFACES PARA *GAMES*

Neste capítulo, abordaremos o conceito de interface relacionado à conexão entre o jogador e o *game*, muito utilizado para fazer o jogador se sentir no controle de sua experiência. Vamos observar entradas e saídas de informações em interfaces para jogos que incluem interfaces visuais de câmeras e como estas se relacionam a um modelo de *design* centrado no jogador.

Discutiremos como as ações e as informações presentes nas interfaces para *games* – jogabilidade, história, personagens e mundo do jogo – devem interagir com a interface do jogo. Conheceremos as tipologias das interfaces para *games* e as diferenças entre os modos manuais, visuais, passivos e ativos, além dos elementos visíveis e invisíveis.

Ainda, vamos analisar alguns exemplos de interfaces visuais, segundo as funções específicas das plataformas de arcade (fliperama), computador (*personal computer* – PC), console (videogame), portáteis, *on-line* e componentes. Também discutiremos os exemplos mais comuns de componentes de interface visual, como pontuação, vida e energia, mapa, personagem e tela inicial, com sugestões eficazes para a projeção de interfaces para jogos digitais.

Por fim, apresentaremos o *feedback* das informações que transitam nos sistemas de interface para *games*; e a listagem e o mapeamento de canais de informação serão exemplificados a partir do jogo Legend of Zelda (Nintendo), que teve destaque de vendas no mercado mundial.

3.1 O que é interface para *games*?

A interface é um conceito muito utilizado por todos que trabalham com interação humano-computador. Em jogos digitais, trata-se da conexão entre o jogador e o *game*. Para Novak (2010, p. 235), "a principal função da interface é ajudar o jogador a fazer escolhas para atingir certos objetivos no *game*"; já forma, Johnson (2001, p. 17) assim a define: "a interface atua como *uma* espécie de tradutor, mediando entre as partes, tornando uma sensível para outra".

Assim, o *design* de interface específica para um jogo digital faz a ligação entre o jogador e o próprio jogo e está diretamente relacionado ao desenho da interação, ao objetivo que permite o controle do *game* pelo jogador. A ideia é auxiliar os jogadores a fazerem as melhores escolhas para atingir os objetivos no jogo.

O estabelecimento da conexão entre os jogadores e o jogo acontece antes de se começar a jogar. A interface do jogo é distinta de outras, porque seu objetivo é possibilitar uma experiência mais envolvente do que navegar na Internet ou interagir com aplicativos, por exemplo.

Mesmo jogos envolvendo um jogador (*single player*) devem fornecer uma interatividade extremamente alta estabelecida pela interface entre o jogador e o jogo. Os jogadores devem ser capazes de se concentrar totalmente na experiência de jogo sem a interferência do exterior (ambiental) ou interior (psicológica).

Para fornecer esse tipo de conexão, a interface do jogo digital deve desempenhar sua principal função: auxiliar os jogadores a executar o *game*. Para alcançar isso, o *designer* de interface deve entender os desejos, as necessidades, os requisitos, as ações e os desafios que os jogadores devem enfrentar durante o jogo. A experiência que acontece na interação humano-computador (IHC) é uma comunicação entre o humano e a máquina, por isso é muito importante compreender como funciona a interface do *game*, para que os *level designers* possam projetar o desenho de níveis alinhados à interface, tornando-a mais assertiva.

Contudo, para avançar neste capítulo, devemos refletir sobre o que caracteriza uma boa interface. Como vimos, o objetivo desta é fazer com que o jogador sinta que está no controle de sua experiência. As interfaces em jogos digitais podem significar diversos modos, a saber: controladores de jogos, dispositivos de exibição, sistemas de manipulação de personagens virtuais, a maneira como o jogo passa informações para o jogador, entre outros. Para facilitar a compreensão, dividiremos em diversos componentes.

Figura 3.1 - **Modelo simplificado da interface para *games***

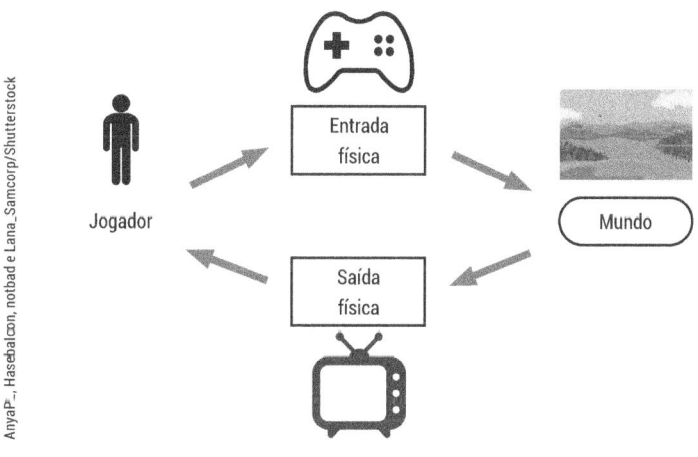

Fonte: Schell, 2010.

3.2 Entradas e saídas de informação

Em sentido amplo, a interface é tudo que há entre o jogador e o ambiente, mundo ou universo do *game*, como o modo de o jogador interagir com o *game*, por exemplo, manipulando peças de xadrez em um tabuleiro de jogo físico ou usando um computador com teclado e *mouse*, chamados de *entrada física de informação*. Os jogadores podem ver o que está acontecendo no ambiente do jogo, por exemplo, no tabuleiro do xadrez real, ou, por uma tela com áudio e outra saída gráfica. Chamamos isso de "saída física" de informação, conforme a mostra Figura 3.1.

O modo como as pessoas pensam a respeito da função e da utilidade de uma interface de jogo é geralmente muito simples. As entradas e saídas físicas devem estar exatamente conectadas a elementos do universo do *game*. Por exemplo, ao jogarmos um jogo, há sempre a exibição da pontuação na parte superior da tela, de modo que não faz parte do ambiente do jogo, o que corresponde à sua interface com o jogador.

Assim, informações exibidas ao acertar um adversário (com a exibição de 100 pontos na tela) ou de moedas sendo recebidas (com a indicação ilustrativa na tela) configuram informações de interface do jogo. Jogos 3D (tridimensionais), por exemplo, não exibem todo o universo do *game*, mas parte dele. Nós o visualizamos através de uma câmera virtual que é inserida no ambiente do jogo, mas não vemos o mundo inteiro, apenas uma interface visual que contém as informações gráficas de entrada (por exemplo, um menu virtual em que o jogador faz uma escolha) e as informações gráficas de saída (como a apresentação da pontuação).

Os *games* em geral apresentam pontos de vista (*point-of-view* ou POV) do jogador, personagem etc. Em alguns jogos, por exemplo, é exibida a perspectiva do olhar do avatar do jogador em primeira pessoa; já em outros, é possível observar o avatar interagindo através da perspectiva em terceira pessoa. Para isso, são inseridas as "câmeras" virtuais, um modo semelhante ao conceito utilizado no cinema.

Para compreender melhor o uso das câmeras e escolher a que melhor corresponde ao planejamento do jogo, é importante refletir sobre o modo como o *designer* deseja que o jogador visualize o jogo. Selecionamos os principais exemplos de câmeras para jogar:

- *Sidescrolling* (rolagem lateral de tela).
- 2D *sidescrolling* horizontal (ex.: Super Mario Bros, Sonic).
- 2D *sidescrolling* vertical (ex.: Battletoads).
- 2.5D Gráficos 3D com jogabilidade 2D (ex.: Paper Mario).
- 3D pré-renderizado (ex.: Resident Evil 1, 2 e 3).
- 3D em tempo real (ex.: God of War).

Em alguns jogos, a interface visual é muito intuitiva e não se faz perceber; em outros, é mais intensa, marcada, cheia de botões virtuais, controles, telas e menus, por exemplo. As interfaces para jogo objetivam auxiliar o jogador no *game*, assim elementos visuais permitem ter uma compreensão completa das informações centrais envolvidas. Para melhor compreendermos como realmente funciona a interface para *games*, vejamos a Figura 3.2, que permite compreender o mapeamento lógico por meio de seis exemplos.

Figura 3.2 - **Diagrama de fluxo de dados da interface**

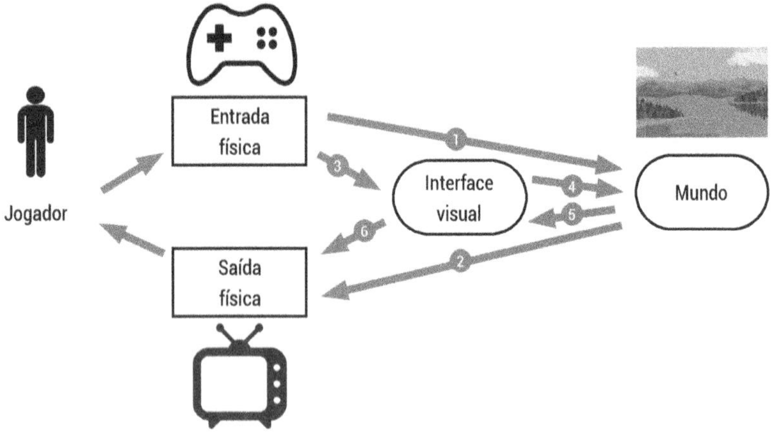

AnyaPL, Hasebalcon, notbad e Lana_Samcorp/Shutterstock

Fonte: Schell, 2010.

Em cada seta do lado direito do gráfico, algo especial acontece – é como se os dados tivessem sido transformados de acordo com o *software* que foi criado ao passar. Cada seta na lateral do jogo significa uma parte separada do código do computador, e a forma como trabalham juntos determina a interface do *game*. Cada uma dessas seis setas pode conter alguns exemplos rápidos de tipos lógicos de mapeamento, conforme vemos a seguir:

- **Entrada física → mundo**: apertar o botão do *joystick* analógico, pode fazer o personagem correr; o mapeamento indicará quão rápido ele será executado e, se soltar o botão do *joystick*, quão mais lento será. Ao apertar o botão do *joystick* analógico novamente ainda mais, os avatares correrão mais depressa. A função de apertar o botão aumentará com o tempo? Clicar duas vezes no *joystick* analógico faz com que os avatares corram mais rápido?

- **Mundo → saída física**: se o jogador não pode visualizar o mundo inteiro de uma vez, quais partes o jogador pode ver? Como isso será exibido?
- **Entrada física → interface virtual**: qual é o efeito de clicar na interface do menu com base no *mouse*? O que o clique duplo pode fazer? O jogador pode arrastar e movimentar livremente certas partes da interface?
- **Interface virtual → mundo**: qual o efeito realizado no mundo quando os jogadores interagem com a interface virtual? Quando os jogadores escolhem um elemento nesse ambiente e usarem o menu *pop-up* para começar uma ação, o efeito será imediato ou passará algum tempo?
- **Mundo → interface virtual**: como as alterações no ambiente se refletirão na interface virtual? Quando a pontuação e as barras de energia mudam? Os eventos no ambiente causarão janelas *pop-up*, menus especiais, ou a interface mudará? Um menu especial de confronto ou guerra aparece quando o jogador inicia uma batalha?
- **Interface virtual → saída física**: quais dados informacionais serão apresentados para os jogadores e em que local da tela? Qual será a cor e fonte gráfica dessa informação? Ele pulará ou acionará determinado elemento sonoro quando a pontuação estiver muito baixa?

Evidentemente, os seis tipos de mapeamento não devem funcionar individualmente, todos precisam trabalhar juntos para compor uma boa interface. Antes de prosseguirmos, é importante pensar dois outros tipos de mapeamento que são ilustrados pelas duas conduções do jogador, ou mais precisamente pela projeção de interação do jogador.

Segundo o Schell (2010), é nesse momento que o jogador realmente se envolve com o *game*, não apenas apertando botões e assistindo nas telas de televisores, mas correndo, pulando e empunhando espadas, por exemplo. O jogador não vai dizer "eu controlei meu avatar para que ele corresse até o castelo, em seguida pressionei o botão para que ele atirasse um gancho e, então, comecei a pressionar o botão azul para fazer o meu avatar subir"; mas é possível ouvir um jogador dizer o seguinte: "eu corri até o morro, joguei o gancho e comecei a escalar o muro do castelo" (Schell, 2010, p. 227). É isso que descreve uma ótima interface de *game*!

Esse exemplo demonstra como os jogadores projetam sua experiência no jogo, de modo a desconsiderar a existência da interface. A habilidade de projetar a imersão do jogador no jogo torna-se possível quando a interface possibilita um processo intuitivo aos jogadores.

3.3 *Design* centrado no jogador

A significação do *design* da interface – a conexão entre o jogador e o jogo – é muito desconsiderada. Para que a ação do jogador possa existir, é necessária uma ligação entre o jogador e o jogo. Dessa forma, o *design* da interface está estreitamente relacionado ao pensamento de controle do jogador.

O *design* da interface é normalmente chamado de *design* da interface do usuário. Um usuário é uma pessoa que usa determinada tecnologia (internet, *notebook, tablet* ou *smartphone,* por exemplo), a fim de conseguir um resultado. Esse conceito foi criado a partir da revolução do computador pessoal (*personal computer*), que caracterizou o usuário como um conhecedor que entende inteiramente a tecnologia que usa. Em *design* gráfico para *web* (*webdesign*), o termo "usuário" comumente é referenciado como "cliente", por definir com mais clareza o significado do indivíduo que usa a interface. De maneira análoga, no *design de games,* os "usuários" podem ser chamados de "jogadores".

Já para a reflexão do conceito de *design* centrado no jogador, devemos refletir sobre qual o público-alvo do jogo a ser desenvolvido. O projeto é pessoal? Para uma empresa ou para os jogadores em geral? Qual o público vai jogar? Para esse conceito, é fundamental dedicar atenção às necessidades dos jogadores. A ideia é obter o ponto de vista a partir do jogador.

Ao refletir sobre o projeto de uma interface útil, funcional e atraente, é recomendado desempenhar temporariamente as funções dos jogadores, com vistas a constatar se a proposta o auxiliará a jogar o jogo sem grandes obstáculos ou frustrações. A proposta possibilita aos jogadores controlar o personagem durante o jogo, navegar pelo espaço do jogo e fazer escolhas. Na ausência dela, o jogo pode ser apenas uma demonstração, uma sucessão de animações ou um espaço digital imóvel, ou seja, nunca poderá ser jogado.

3.4 Informações e ações das interfaces para *games*

Ciente de que o objetivo central da interface do jogador é possibilitar que os jogadores joguem, as escolhas e as necessidades dos jogadores precisam ser consideradas ao projetar a interface. Segundo Novak (2010), essas possibilidades podem ser separadas em tarefas, escolhas e necessidades a partir de duas categorias: informações e ações, que devem, necessariamente, ficar disponíveis aos jogadores para acesso.

As "informações" a serem disponibilizadas na interface do jogador devem conter a condição do jogador, ou seja, a vida do personagem, a força/energia gasta, as habilidades adquiridas, entre outras, e, geralmente, podem mudar conforme o local em que o jogador está ou o que ele escolhe executar no jogo.

Os jogadores igualmente realizam diversas "ações" durante o jogo que podem implicar comportamentos do personagem por movimentos no ambiente, como pegar objetos ou atirar usando armas, por exemplo. Todas essas operações devem ser disponíveis na interface do jogador. Para Novak (2010), as informações e as ações do jogo, como jogabilidade, história, personagens, áudio e mundo do jogo (que são distribuídos em níveis), são fundamentais para compreender a forma como os elementos devem interagir com a interface do jogo. Vamos analisá-las com detalhes a seguir.

Jogabilidade

A ligação entre a interface dos jogadores e o modo de jogar são fatores que efetivamente garantem a interatividade do jogo e englobam, portanto, as ações realizadas pelo jogador no jogo, ou seja, as decisões de direção a prosseguir ou o esforço em desvendar um segredo de um cofre. Por exemplo, esses comportamentos do jogador precisam ser executados por meio da interface do jogo. Para elaborar a interface de determinado jogo, é importante entender e considerar todas as possibilidades de ações e de comportamentos do jogador no jogo.

História

A interface do jogo deve levar em conta sua história. A aparência da interface requer ajustar o espaço, o tempo e a fase histórica do jogo e deve ser projetada considerando a cultura e o ambiente, de modo a contribuir com o universo do jogo para ampliar a imersão e a experiência do jogador.

Personagens

Além da história do jogo, a interface igualmente precisa incluir certos dados dos personagens da história. Os jogadores que se apropriam de personagens, como nos jogos RPG, têm elementos característicos necessários e objetivos especiais a serem atendidos pela interface. Por exemplo: os avatares precisam possuir determinadas armas, roupas, forças, transportes e até mesmo certas características de personalidade. Os recursos e as habilidades comumente podem ser acessados através de uma interface de jogo ou de uma interface de personagem específica.

Ao escolher ou conceber um personagem, o jogador pode escolher a seleção de personagem ou personalizá-lo por meio de uma interface de tela especial. Os personagens não jogadores (*non player characters* – NPCs) têm informações relacionadas que geralmente necessitam ser acessadas pelos jogadores. Por exemplo: os jogadores podem querer visualizar o tipo de poder ou habilidade ao NPC oponente para selecionar um personagem com poder e habilidade compatíveis (ou complementares).

Áudio

Diversos desenvolvedores de jogos consideram o áudio um item incluso na interface do jogador. O uso de áudio, em combinação com interfaces visuais ou manuais, permite a ampliação da experiência do jogador pelo realismo ou pela percepção aproximada de tato. Os modos de interface com áudio podem incluir música, efeitos sonoros e diálogo de voz/narração, entre outros. Podem também oferecer uma trilha sonora para o jogo, ou as músicas podem incluir informações (por exemplo, para comunicar o jogador do perigo à frente, tornar a experiência mais dramática antes que o adversário apareça).

Nessa situação, o áudio pode ser considerado um elemento integrante da interface. A partir da interação de certas áreas da interface do jogo, efeitos sonoros e músicas podem ser acionados pelo jogador. Ao descarregar uma arma, promovem sons com base no comportamento do jogador, por exemplo, ao abrir uma caixa de joias, a ação pode desencadear uma música produzida pelo objeto. A própria interface pode fornecer opções de vozes para deficientes visuais, por exemplo. Os jogadores que quiserem compreender quais itens estão no catálogo ou inventário do personagem, podem exibi-los ou lê-los em voz alta para os jogadores.

Mundo do jogo

Tendo em vista que o mundo do jogo pode ser construído de diferentes maneiras, em espaços próprios (internos e externos), pode também conter universos paralelos, uma série ou sucessão de mundos que se transformam complexos de acordo com a progressão ou ordem que aparecem. Algumas interfaces do jogador são alteradas conforme o tipo de mundo visitado; com isso, componentes são adicionados ou excluídos. Um dos métodos mais habituais desse tipo projeção de *design* de níveis é disponibilizar mapas acessíveis através da interface do jogo. Esses mapas devem ser dispostos nos arredores da tela durante o jogo ou podem ser acessados individualmente através de um modelo de sistema de menu.

3.5 Tipologias das interfaces para *games*

Podemos dividir as tipologias das interfaces para *games* nas seguintes plataformas de interação: interface física, interface virtual e interface transparente, conforme detalhamos a seguir.

- **Interface física**: ocorre quando os jogadores interagem fisicamente com o *game*. Assim, ao projetar, certifique-se de que a interface é apropriada para interagir com os níveis do *game*. Exemplos: Dance Dance Revolution, Guitar Hero, Wiimote.
- **Interface virtual**: conceber uma interface virtual é bem complexo. Se não for bem-feita, torna-se um obstáculo entre o jogador e o ambiente do *game*. Se for bem-feita, aumentará a experiência dos jogadores ao propiciar um melhor controle no ambiente do *game*.

- **Interface transparente:** a interface perfeita é invisível para os jogadores, ou seja, permite que a imaginação do jogador fique inteiramente imersa no ambiente do *game*. Confira uma sequência de questões a serem observadas para a elaboração de interfaces para jogos, visando ao aprimoramento de interfaces transparentes:
    » Qual é o propósito do jogador? A interface pode permitir que os jogadores façam o que quiserem?
    » A interface é simples o bastante para que o jogador possa utilizá-la sem necessariamente pensar na prática?
    » O novo jogador percebe que a interface é intuitiva? Caso negativo, ela pode se tornar mais intuitiva de alguma forma? É benéfico ou prejudicial possibilitar que o jogador personalize os comandos de controle?
    » A interface funciona corretamente em todas as ações ou sua atuação confunde os jogadores em algumas situações específicas (andar muito rápido, por exemplo)?
    » O jogador pode prosseguir a usar a interface em ocasião estressante ou pode confundir informações importantes? Em caso afirmativo, como pode ser mais bem projetada?
    » Qual das seis setas na interface isso pode acontecer?

A difícil tarefa de mapear os tipos de informação habitualmente ocorre pela experiência do *designer* e, muitas vezes, em um processo de tentativa e erro. A sugestão para o processo é fazer um esboço, redesenhando-o até supor que pode ser testado.

Além das três tipologias de interfaces para *games* estudadas (física, virtual e transparente), veremos, na sequência, outros dois modos de diferenciá-las: (i) interface manual (dispositivo de entrada baseado em *hardware*) e (ii) interface visual (tela de visualização baseada em *software*).

A **interface manual** são dispositivos físicos baseados em *hardware*, como controles, combinações de teclado e *mouse* e outros que permitem a entrada da informação e a interação física na relação entre jogador e jogo. São relacionadas ao tipo de plataforma de *hardware* do jogo e muitas estão relacionadas a jogos de simulação usados em fliperamas, como os de corrida e tiro, simulando objetos da vida real, como rifles, volantes e aceleradores e *joysticks* adaptados. As **interfaces manuais** de *Dance Dance Revolution* (DDR), da Konami Holdings Corporation, por exemplo, proporcionam uma interface sem o uso das mãos, uma experiência corporal de controle do jogo.

Figura 3.3 – **Interface manual por meio de tapete interativo no jogo** *Dance Dance Revolution* **(DDR)**

As principais questões a serem tratadas para projetar interfaces manuais referem-se a: Como o jogador controla o personagem principal? Qual a interface do jogo? Controles são, sem dúvida nenhuma, os principais mecanismos físicos de interação humano-computador (IHC). A interface envolve o controle com direcional, botões, sensores de movimento, tela sensível (*touch screen*), óculos de realidade virtual/aumentada, entre outros.

Os controles devem ser apresentados de modo a ilustrar todos os comandos disponíveis no jogo. *Joystick*, teclado e *mouse* são os exemplos mais comuns de IHC utilizados. Por exemplo, as letras "W", "S", "A" e "D", presentes no teclado, permitem, em muitos jogos desenvolvidos para PC, andar com o personagem para frente, para trás, para a direita e para a esquerda, respectivamente.

Já a interface visual é sempre exibida na tela ou o jogador pode acessar facilmente usando a interface manual. Existem dois tipos de interfaces visuais para jogos: ativas e passivas.

- **Ativa**: o jogador pode interagir com a interface ativa ao clicar nos itens exibidos em um sistema de menu, por exemplo. O objetivo principal da interface ativa é fornecer aos jogadores mais opções de controle. Outros exemplos incluem:
  » início de uma nova partida e reinicializar o jogo;
  » salvar o jogo;
  » jogar um jogo já salvo;
  » acessar um tutorial;
  » configurar o jogo;
  » navegar no ambiente;
  » personalizar o avatar;
  » selecionar a jogabilidade (*single player* ou multijogador);
  » obter ajuda e assistência técnica específica.

- **Passiva**: o jogador não pode interagir com os itens apresentados na interface passiva, pois esses itens não imutáveis durante uma partida; são informações distribuídas ou agrupadas na tela. Por exemplo: *status*, pontuação, vida, energia/força, tempo etc. Essas informações podem ser espalhadas ou agrupadas na área da tela. O objetivo principal da interface passiva é fornecer informações ou *feedback* ao jogador. Outros exemplos incluem:
    » localização;
    » saúde;
    » habilidade;
    » objetivos.

Entretanto, quando os jogos de computador evoluíram para incluir gráficos, a interface visual ainda não existia. Na maioria das vezes, a tela mostrava apenas o ambiente do jogo, e não como o jogador deve interagir com o mundo do *game*. O início da interface gráfica no modelo de apontar e clicar permitiu tornar o *game* mais fácil e, assim, acessível ao jogador. Podemos, então, relacionar os elementos das interfaces para *games* como elementos visíveis e invisíveis da interface, vejamos:

- **Elementos visíveis**: os elementos visíveis são as informações exibidas na tela para comunicar ao jogador as informações como saúde, armas disponíveis, *status*, local do adversário, intervalo do objetivo, localização no ambiente, entre outras.
 As interfaces manuais compreendem em um teclado de computador e *mouse* por exemplo, e nesse conjunto não há elementos visíveis. Foi assim que surgiram as primeiras interfaces para *games* no qual o jogador só precisava estudar os comandos para descobrir como se mover no jogo.

- **Elementos invisíveis**: os elementos invisíveis da interface incluem, sim, os controles, botões e *mouse*, ou seja, os *hardwares*. Esses controles, teclas e *mouse* são usados para escolher armas, andar e correr no ambiente do jogo e interagir com jogadores, por exemplo.

3.6 Interfaces visuais segundo as plataformas para *games*

A interface de um jogo é uma excelente oportunidade para testar as funções do *game*. Curiosamente, a interface visual está ligada à plataforma de *hardware* do jogo. Vejamos alguns exemplos para incorporar na interface visual funções das plataformas de arcade (fliperama), computador (*personal computer* – PC), console (videogame), portáteis, *on-line* e componentes.

Arcade (fliperama)

A interface visual do jogo de arcade, por exemplo, é moderadamente mais simples, pois exibe informações sobre a pontuação, o nível e as vidas restantes. Graças à simplicidade da tecnologia e ao modelo de negócios das máquinas operadas por moedas, a interface prezava pela simplicidade, e não pela estética, com pouca instrução na tela.

A interface visual dos *games* de arcade é simples, pois é projetada para se jogar rapidamente. Geralmente, os *games* constituem em uma tela de comando, contendo uma série de telas no próprio jogo em modelo de interface passiva.

Computador (*personal computer* – PC)

A interface manual dos jogos de computador compreende teclado e *mouse*. O jogador comumente usa o teclado (tecla "W-A-S-D" ou as teclas de seta, por exemplo), o *mouse* ou os dois para interagir pelo espaço virtual do *game*. Em alguns jogos, o arranjo de teclas pode ser utilizado para abrir menus na tela e efetuar diversas ações no jogo.

As interfaces visuais dos PCs alternam entre os modelos de painel de informações transparente (*head-up display* – HUD) a uma série de sistemas de menus, que são acionadas ao utilizar o teclado e/ou ao clicar em um botão com o uso do *mouse*. Para realizar o desenvolvimento do projeto HUD para jogos digitais e sob a perspectiva centrada no usuário, é importante que o *designer* se coloque no papel do jogador (público-alvo) e tente imaginar todos os aspectos necessários para que possa cumprir as atividades, as tarefas e os desafios de maneira harmônica e prazerosa dentro da proposta estética escolhida.

Como vimos, muitos jogos usam o modelo de apontar e clicar, em que o jogador clica em diversos objetos para selecioná-los. Os jogos realizados em rede de área local (*local área network* – LAN) ou baseados nesse gênero possibilitam aos jogadores ocultar informações da interface visual uns dos outros por não compartilharem a mesma tela do jogo.

Console (videogame)

Os controles do console geralmente são compostos de controles de navegação e ação. Em comparação às combinações de teclado e *mouse*, eles são mais adequados para jogos de ação porque são projetados especificamente para interagir de maneira rápida e fácil. Os jogos de console também integram equipamentos manuais periféricos, como esteiras de dança (*Dance Dance Revolution*, 1998), microfones (karaokê), entre outros. O Wii remote (Nintendo), por exemplo, destacou-se no campo do *design* de interfaces manuais.

De modo semelhante às plataformas de PC, muitos jogos para os consoles do mercado inicialmente forneciam uma junção entre telas visuais e sistemas de menu ativos, no entanto, os *games* de console local requerem que dois a quatro jogadores compartilhem a mesma tela. Portanto, as informações "ocultas" não podem ser mostradas a outros jogadores.

Por outro lado, no modo multijogador, em PCs, podem mostrar aos jogadores informações que devam estar ocultas dos oponentes, conceito semelhante ao jogo de cartas tradicionais, por exemplo. Outro aspecto da interface visual para videogames refere-se à conexão em sistemas de grandes telas e de televisores.

Portáteis

A central particularidade de um sistema portátil é o tamanho da tela de visão, pois é muito menor que o tamanho dos visores de um PC, por exemplo. É exatamente o tamanho que vai afetar o *design* de interface do jogo. Sistemas portáteis são, muitas vezes, semelhantes aos sistemas de mini videogames, pois contêm suas próprias telas. O sistema portátil pode, também, ser visto como uma mistura entre o console e o sistema de computador pessoal.

Alguns sistemas portáteis são dedicados, como o *Game Boy Advance* (GBA), da empresa Nintendo, e o *PlayStation Portable* (PSP), da Sony, bem como dispositivos multifuncionais móveis sem fio, como N-Gage e QD, ambos da empresa Nokia. Os projetos de interface de jogador para dispositivos portáteis exemplificados combinam a praticidade de *smartphones* com as plataformas de jogos, de modo que os projetos devam assegurar que todas as funções do sistema possam ser usadas normalmente.

On-line

Em jogos *on-line,* com o uso de *hardware* (PC ou console), a interface é alterada pelo número de jogadores sincronizados; a interface é a mesma elaborada para a plataforma de *hardware* correspondente. Em um jogo multijogador massivo *on-line* (*Massively Multiplayer Online Game* – MMOG), em que os avatares dos jogadores repetidamente interagem uns com os outros e instituem uma equipe, a interface deve fornecer aos jogadores todos os acessos às informações relacionadas a cada jogador integrante da equipe. São interfaces que possibilitam a interação entre os jogadores envolvendo janelas de *chat* ou fóruns públicos ou privados, por exemplo.

3.6.1 **Componentes**

Diversos elementos ou componentes são exibidos na interface visual do jogo, ativa ou passiva. São informações que o jogador precisa acessar ou ações que devem ser realizadas para completar as atividades do jogo. Os exemplos mais comuns de componentes de interface visual são: pontuação, vida e energia, mapa, personagem e tela inicial.

Pontuação: é um indicador numérico usado para medir o êxito dos jogadores no jogo. Por sua vez, o indicador das melhores pontuações é um arquivo visual contendo as pontuações anteriores e que pode disponibilizar aos jogadores padrões para aferir sua *performance* no jogo. Quando o componente pontuação é o principal problema do jogo, aconselha-se que seja exibido sempre na tela. Muitos jogos exibem pontuações apenas caso os jogadores concluam parte do jogo, como uma missão em um jogo de estratégia, por exemplo.

Vidas e energia: em muitos jogos, as vidas remanescentes são exibidas junto ao indicador de pontuação. O componente é um modelo que indica a quantidade de chances restantes para o jogador e geralmente é exibido por vários pequenos ícones (comumente com o personagem) ou um valor numérico. O jogo elimina o indicador de vida remanescente e possibilita que o jogador retorne à partida sempre que quiser, sob o modelo de uma nova vida.

De maneira geral, é um elemento referido como barra indicadora de energia (ou saúde) usado em muitos jogos; é um indicador representado por uma barra horizontal com várias cores para indicar a energia restante dos jogadores. Em muitos jogos, conforme a energia se esgota, a cor desvanece da direita para a esquerda, de modo semelhante à representação de um termômetro. Em alguns, uma cor amarela é indicada à direita e, ao diminuir a energia, a cor escurece, alterando-a para vermelha, por exemplo, indicando que os jogadores podem ficar sem energia em um rápido momento. Ao desaparecer a cor na barra, o jogador perde toda a energia e "morre". Em alguns jogos, a representação da barra de energia colorida é alterada para a representação de bolhas.

Mapa: é utilizado para permitir que o jogador compreenda o ambiente do jogo e o posicionamento do personagem no local, e seu uso é indispensável. Em diversos jogos de estratégia, como a série Grand Theft Auto (GTA) (*Rockstar Games*), há a presença de mapas no campo de interface do jogo, localizados na parte inferior da tela do dispositivo de visualização. O objetivo da interface de um mapa do jogo é fornecer uma visualização geral e de informações detalhadas do jogo em miniatura.

Na maneira de visão geral, a interface possibilita aos jogadores visualizarem os elementos do ambiente do jogo. Já em miniatura, uma parte pequena do mapa é exibida. Normalmente, a visualização em miniatura é apresentada no campo inferior do jogo, e a visualização geral é mostrada como parte integrante da interface do jogo. No entanto, em alguns jogos 3D, os jogadores podem intercalar entre as duas visões de mapa durante o jogo. A opção é muito importante para compreender o que ocorre em áreas remotas no ambiente do jogo, o que contribui para a jogabilidade.

Figura 3.4 – **Mapa em miniatura à esquerda inferior da tela**

Os mapas (gerais e em miniatura) são componentes extremamente úteis na interface para *game*, seja no modo de interface passiva, que exibe fora do campo principal de *game*, seja no modo de interface ativa, que possibilita acessar o sistema de menus em diversos jogos.

Personagem: a interface para jogo, que corresponde à criação e à modificação de avatares; em alguns casos, permite uma composição muito complexa de telas que possibilitam aos jogadores criar e personalizar seus próprios avatares. Características do aspecto corporal como vestimentas, cabelos, olhos, cor da pele, gênero, etnia, altura, entre outras, são elementos que podem ser escolhidos pelo jogador na interface.

A escolha desse formato de componente é mais observada em jogos nos quais os avatares estão em constante evolução, como nos de RPGs. A interface deve ser acessível durante a configuração de personagem no início do jogo, como igualmente deve ficar disponível a qualquer situação, de modo a possibilitar que os jogadores retornem à interface e modifiquem as funções que julgarem necessárias ao jogo.

O personagem do jogador deve ter alguma combinação específica de habilidades inerentes ao tipo selecionado ou pode ser implementada durante o jogo. As informações são fundamentais para jogos que envolvem papéis, como jogos de RPG, principalmente.

Informações que envolvem habilidades e atributos nesse gênero de jogo podem ser disponibilizadas ao jogador durante a seleção ou a personalização de avatares, mas também deve estar disponível para o acesso durante todo o jogo. Conforme a quantidade de habilidades e atributos para serem acessadas, o jogador pode precisar de uma janela que fique em tela cheia.

Figura 3.5 – **Alguns *games* utilizam sofisticadas interfaces de criação de personagens**

Apresentar incessantemente esses componentes de informações na tela durante os jogos pode acarretar desordem visual e de interação. Logo, muitos *games* dispõem de botões de operação na tela para informações de habilidades e atributos. Informações são listadas e vinculadas aos avatares dos jogadores e são muito importantes na interface do *game*, pois conferem os itens disponíveis para o avatar, sobretudo em *games* que incluem coleta e acúmulo de itens.

Alguns elementos disponibilizados no jogo, como itens coletáveis, podem ser armas a serem usadas em situações específicas e em locais específicos do jogo. A habilidade de gerenciar esse inventário e conferir os elementos do avatar auxiliam e influenciam muitos jogadores a realizarem suas escolhas no jogo.

A lista no inventário deve conter todas as informações do avatar e pode ser vista individualmente. Seja em qualquer uma das possibilidades, o inventário do avatar do jogador requer espaço para mostra, assim, pode ser disponibilizada por meio de um menu ou interface manual.

Tela inicial: a tela inicial dos jogos mais antigos utilizava um modelo padrão, que tinha informações básicas, como nome do jogo, pontos, descrição sucinta e a opção de escolher o modo do jogador para uma ou duas pessoas. Esse modelo é muito utilizado em *games* de ação e quebra-cabeça *on-line*.

Games maiores e complexos utilizam uma tela inicial simples, uma representação gráfica de alta qualidade com apenas um botão para iniciar o jogo. Muitas vezes, seguem uma estética utilizada na divulgação e embalagem do produto, ou, em alguns casos, uma tela com mais detalhes contendo as seguintes informações no menu:

- jogar;
- modo multijogador;
- configuração;
- carregar um *game* salvo;
- selecionar o personagem;
- instruções;
- tutorial;
- sair.

Em alguns jogos, a tela principal pode incorporar uma introdução à interface do jogador ou disponibilizar que o jogador personalize os comandos e controles.

3.7 Feedback de interação nas interfaces para games

No sistema de interfaces para *games*, as informações transitam entre jogador e jogo, e vice-versa. A ideia é entender o ciclo da experiência semelhante ao fluxo de ação e reação gerado por uma roda d'água ao girar. De maneira análoga, as informações que o *game* retorna aos jogadores afetarão muito o que o jogador fará a seguir. A isso se dá o nome de *feedback*, e a qualidade de retorno dessa informação deve influenciar muito a compreensão e o engajamento do jogador pelo jogo.

A importância do *feedback* positivo, ou seja, do retorno satisfatório ao jogador, é frequentemente esquecida na projeção da interface. Um exemplo observado por Schell (2010) é a analogia à redinha de basquete como interface. Perceba que, no jogo, a rede não afeta o modo de jogar em nada, mas reduz a velocidade da bola na cesta para que todos os jogadores possam ver claramente que a bola entrou, e também quem arremessou.

Em geral, caso a interface do *game* não reaja à entrada do jogador em um décimo de segundo, ele vai considerar isso problemático e achar que há algo errado no sistema, o que poderá desmotivá-lo fortemente. Em alguns casos, o botão "jump" (saltar) é considerado o mecanismo de *feedback* mais problemático. Em muitos projetos, verificou-se que, se um animador for iniciante em animações para *games* e fizer a animação de antecipação do movimento de saltar, em que o avatar se abaixa, por exemplo, vai demorar um pouco mais para o sistema responder.

3.7.1 Listagem e mapeamento de canais de informação

Como visto, o objetivo principal de uma interface é transmitir informações. Assim, a melhor forma para os *games* transmitirem as informações é por meio de um *design* cauteloso de projeção, pois os jogos contêm muitas informações ao mesmo tempo. Para encontrar a melhor forma de exibir informações no *game*, Schell (2010) propõe proceder com as etapas do diagrama de fluxo de dados da interface, em especial atenção às setas 5 (mundo → interface visual) e 6 (interface visual → saída física).

Um *game* precisa necessariamente exibir diversas informações. Vamos imaginar que estamos elaborando uma interface para um *game* equivalente ao tradicional *The Legend of Zelda* (Nintendo), sucesso de vendas. O autor sugere que devemos iniciar realizando a listagem simples de todas as informações que os jogadores necessitam visualizar, como:

- número de rubis;
- número de chaves;
- saúde;
- regiões adjacentes;
- regiões distantes;
- outras contagens;
- arma atual;
- tesouro atual;
- número de bombas.

Segundo Schell (2010), um canal de informações é um modo de comunicar os fluxos de dados e, dessa forma, as informações de transmissão se alteram conforme o jogo. Nesse sentido, existe muita possibilidade no processo de escolha, tais como:

- parte central superior da tela;
- parte inferior direita da tela;
- meu avatar;
- efeitos sonoros no jogo;
- música do jogo;
- moldura da tela do jogo;
- peito do inimigo se aproximando;
- balão sobre a cabeça de um personagem.

Para tanto, a sugestão do autor é elaborar uma lista com os potenciais canais que julgar necessários para a jogabilidade. Em *The Legend of Zelda*, novamente, os canais centrais de informação escolhidos pelo *designer* foram: a área principal de exibição e a *head-up display* (HUD).

Outras possibilidades permitiram aos *designers* optar por fazer "mudanças no modo" a ser acionado pelos jogadores quando o botão "selecionar" for pressionado, a fim de disponibilizar vários canais de informação na área de exibição auxiliar e no painel de informações na parte inferior da tela.

Na sequência, enfrentamos o exigente trabalho de mapear as possibilidades de informação para os diversos canais. Para Novak (2010), essa tarefa é feita em parte por instinto, em parte por experiência e, sobretudo, pela tentativa e erro, em que se sugere realizar desenhos e pequenos esboços, para se testar posteriormente. No jogo *The Legend of Zelda*, o mapeamento é detalhado da seguinte forma:

- área de exibição principal:
  » regiões adjacentes;
- painel de informações no topo da tela:
  » número de rubis;
  » número de chaves;
  » saúde.
- regiões distantes.
- arma atual.
- tesouro atual.
- número de bombas.
- área de exibição auxiliar.
- outras contagens.

Para Novak (2010, p. 253), "algumas interfaces estão diretamente relacionadas aos recursos específicos do gênero do *game*". Para entender os diversos estilos de interfaces projetados, devemos analisar os objetivos e as metas associadas à jogabilidade de cada gênero de jogo. Os elementos de interface dos gêneros de jogos mais populares apresentados pela autora são: ação, aventura, RPG, simulação, esportes e estratégia.

Ação: esses jogos são rápidos e requerem coordenação de movimentos visuais, ações reflexas e tomada de decisões rápidas, de modo que o jogador possa ter tempo hábil para interagir com interfaces complexas. O painel de informações transparentes (HUD) de interface passiva é, para a autora, a melhor escolha para projeção, pois nesse gênero o jogador não pode pausar o jogo para abrir uma série de menus. O painel de *status*, por exemplo, deve ser uma simples interface passiva para possibilitar ao jogador visualizar indicadores de *status* (vida, energia, tempo restante, pontuação) relacionados ao seu avatar enquanto estiver jogando.

Aventura: comparados com a maioria dos outros tipos de jogos, os jogos de aventura tentam esconder o fato de os jogadores utilizarem um *hardware* específico para navegar pelo ambiente do jogo. Os objetivos dos jogadores, por exemplo, devem inserir a opção de explorar o ambiente digital, comunicar-se com outros avatares e coletar objetos, geralmente não interferindo na imersão do jogador. A navegação em jogos de aventura comumente é feita clicando no modo apontar-e-clicar ou controlando diretamente a interface. No modo de interface, os jogadores clicam em um local na tela, o que faz com seu personagem se mova até o local indicado. Já na interface de controle direto, os jogadores conduzem os personagens para a tela. O inventário geralmente é exibido como uma janela *pop-up*, com ícones que representam todos os itens carregados pelo jogador.

RPG: a interface de um RPG, por consistir na representação de papéis, é separada em três tipos: (i) gerenciamento do avatar, (ii) controle da navegação e (iii) inventário. As várias ações que os jogadores podem realizar no RPG são muito maiores do que em outro tipo de gênero, o que leva a uma ampliação relacionada à complexidade de sua interface do jogo. Para equilibrar isso, as interfaces manuais são geralmente mais complicadas.

Simulação: os jogos de simulação, segundo Novak (2010), requerem as mesmas regras do ambiente real, ou seja, é necessario projetar um modo de interface que não fuja da realidade física que conhecemos. O modo mais assertivo de elaborar uma interface nesse contexto de realismo é reproduzir os controles que podem ser utilizados em objetos reais simulados. Essa função é muito convincente na simulação de veículos, por exemplo, sobretudo em simuladores de voo. A interface visual diferencia-se de um painel com diversos botões contendo informações sobre altitude, velocidade, potência, combustível e coordenadas nessa situação. Os painéis simulados apresentam, de modo geral, o mesmo aspecto dos controles da cabine real nestes jogos.

Esportes: nos diversos gêneros de jogos, as interfaces podem se alterar em respostas a ações do jogador. No entanto, os jogos de esportes evitam essa regra, pois a interface do jogador geralmente se altera a cada segundo, conforme as características do jogo. A questão mais problemática de se projetar uma interface de jogo de esportes é a exigência de mapear as ações esportivas, como pular, por exemplo, para os dispositivos de entrada de informação do jogo, que são interfaces de controles manuais compostos por botões.

Em jogos de esportes coletivos, os jogadores controlam um atleta por vez, que é representado por gráficos de círculos ou estrelas abaixo deles. Esses e outros símbolos gráficos devem, em muitos casos, aparecer na área, de modo a auxiliar os jogadores a visualizar com precisão o local onde um objeto esportivo, como uma bola, deve cair. Os jogadores devem ser capazes de indicar, a qualquer momento, qual atleta ele controla. Assim, a interface dos jogos de esportes coletivos é parecida com as de muitos jogos de estratégia, em que os jogadores controlam um grupo de tropas, com diversas habilidades.

Estratégia: a maioria dos jogos do gênero de estratégia abrange temas de conquista, exploração e comércio. Nesses jogos, a estratégia principal dos jogadores é a gestão de recursos, que requer escolhas sobre compra, construção, custo e troca de recursos de alimentos, armas, edifícios e unidades militares. A interface desses jogos é muito característica. Na verdade, é difícil distinguir um jogo de estratégia de outros elementos separados da tela. A visualização do jogo é feita em grande escala, pois mostra a paisagem com terreno, diferentes estruturas, diversos veículos em unidades variadas.

Os dados informativos na interface do jogo do gênero de estratégia são exibidos em uma janela, a qual dispõe de um mapa e de uma série de ícones para fornecer mais detalhes às informações. Esse tipo de jogo é muito focado no gerenciamento de grande número de informações a serem compartilhadas, mas de modo que os jogadores não possam visualizar tudo na tela uma só vez.

Uma metodologia recomendada é oferecer informações que só são exibidas quando forem imprescindíveis. Outra recomendação funcional é oferecer um formato para iniciante e um avançado, para torná-lo mais fácil para os jogadores com vários níveis de experiência e habilidade. Os elementos da interface do jogo do gênero de estratégia envolvem as informações principais, tais como mapas e estatísticas associadas às condições ambientais conforme o contexto do jogo. Dados informacionais mais particulares, como inventário, habilidade e *status* do avatar, são associados a recursos ou unidades específicas.

SÍNTESE

Apesar de grande parte do trabalho para fazer um jogo interessante, como *level design*, seja intuitiva, observamos que a *performance* da interface para *games* consiste em alguns elementos intelectuais, que muitas vezes são ignorados pela indústria de jogos e que podem ser aprimorados a partir desta disciplina. Neste capítulo, verificamos que os conceitos que envolvem as interfaces para *games* permitem ao profissional conseguir melhor qualidade e diferenciação competitiva no mercado, ampliando a experiência do jogador no jogo.

Assim, o *design* da interface, como vimos, é extremamente vinculado a todos os elementos característicos que relacionam a conexão entre o jogador e o jogo, e é utilizado para testes e para minimizar erros sobre o controle da experiência pelo jogador.

Analisamos, ainda, as entradas e as saídas das informações que compõem diversas interfaces para jogos, sendo manuais, visuais, passivas e ativas, elementos visíveis e invisíveis, sempre a partir de uma projeção de *design* centrado no jogador. Dessa forma, os conceitos de jogabilidade, história, personagens e mundo do jogo configuram os elementos específicos aplicados nas plataformas estudadas a partir de sugestões eficazes para a criação de interfaces para jogos digitais. Por fim, constatamos que o retorno das informações enquanto sistema de *feedback* pode ser mensurado pela listagem e mapeamento de canais de informação para o sucesso de resultado.

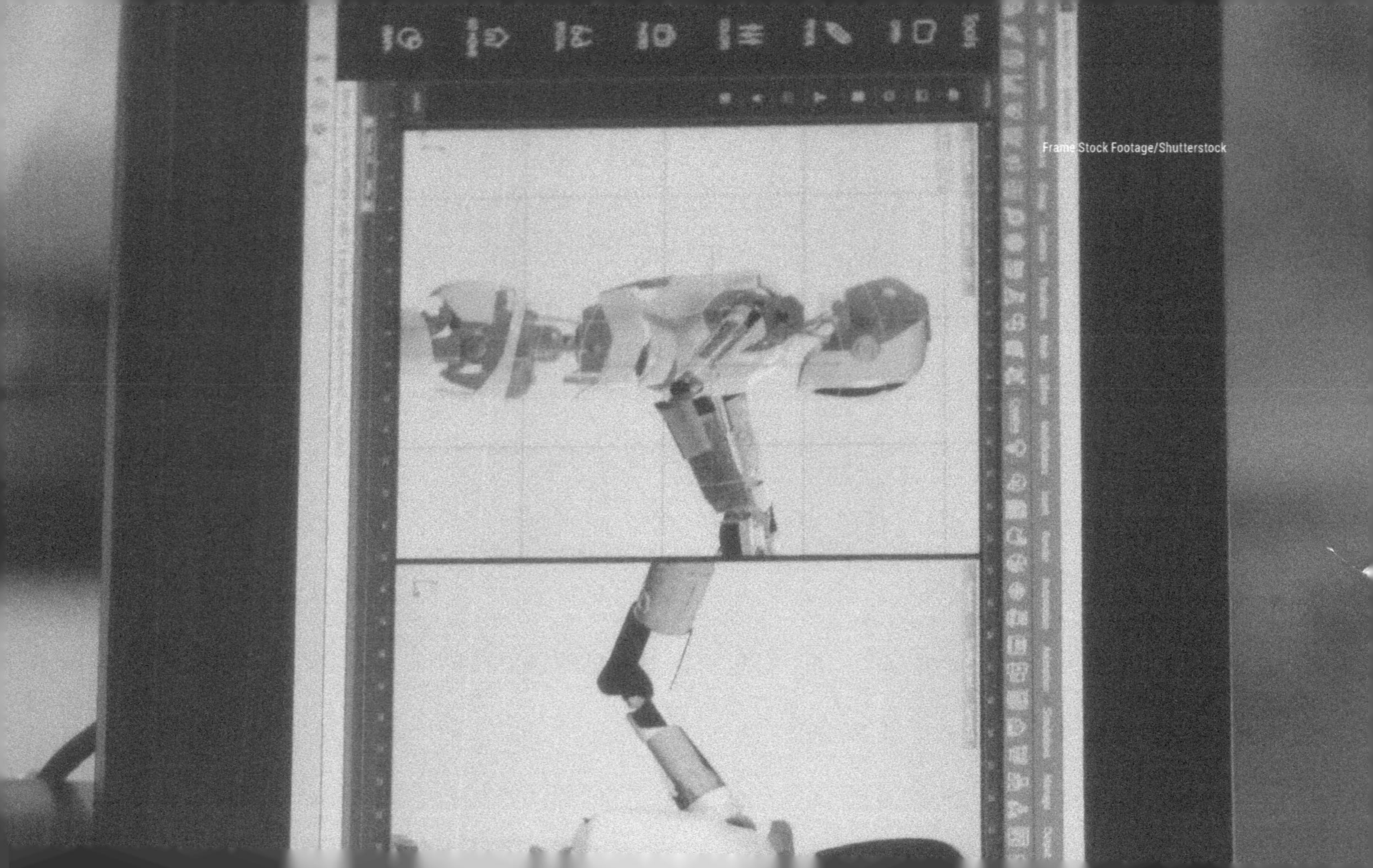

Frame Stock Footage/Shutterstock

CAPÍTULO 4

LEVEL DESIGN E GAMES MOBILE

O desenvolvimento de *games mobiles* ocupa lugar de destaque no mercado de jogos há muito tempo, e isso é comprovado pelo fato de que existem *games* apenas para dispositivos móveis; daí, a importância da adaptação do *level design* para esses tipos de *games*. Os *games* atuais são, em geral, multiplataformas, e os que ainda não são estão se adaptando para os dispositivos móveis, para não perderem mercado; inclusive os jogos com características para serem executadas em plataformas fixas, como consoles, por exemplo, é importante que sejam multiplataformas.

Neste capítulo, vamos analisar a definição e a noção de motores de jogos por meio de conhecimentos práticos de funcionamento de *engines* e principais motores de jogos disponíveis, bem como de ferramentas e aplicações relacionadas a *engines* e de exemplos de aplicações e modelos de jogos criados a partir de *engines*. Isso permitirá que consolidemos os conhecimentos fundamentais sobre *game engine* e os apliquemos em quaisquer projetos de desenvolvimento de jogos. Os *game engine*, ou motores de jogos, são fundamentais para o desenvolvimento de jogos, por isso tal tema ocupa lugar de destaque para os profissionais da área já há muito tempo. Justamente pelo fato de que os *games* atuais geralmente são multiplataformas, e os que ainda não são estão se adaptando para os dispositivos móveis, os *games engines* facilitam muito esse trabalho.

4.1 Características básicas dos *games*

Para entender o *level design*, é importante conhecer as características básicas do *games*, pois é nesses projetos que seus conceitos são mais aplicados, pelo fato de que os *games* proporcionam a interação do jogador com o jogo, o qual pode ser executado de diversas maneiras, como por meio de periféricos conectados em uma televisão, em um monitor, ou diretamente instalados em computadores, *notebooks* ou outros dispositivos como *smartphones*, *tablets* ou nas *smart TVs*.

McGonigal (2011) aponta que *games* apresentam quatro características básicas: (i) objetivos; (ii) regras; (iii) sistema de *feedbacks*; (iv) participação voluntária.

Os jogadores são motivados com o objetivo de alcançar uma meta, ou seja, têm um senso de propósito para o jogo, e não podem chegar ao objetivo de qualquer maneira. As regras podem ser limitadoras, mas têm a função de direcionar para cumprir as metas, explorando todas as possibilidades oferecidas pelo *game*, sendo um grande motivador para o pensamento estratégico e a criatividade. O sistema de *feedback* apresenta para o participante do *game* sua real localização no jogo, ou seja, seu nível, no qual o jogador tem referências das etapas, ou níveis, que ainda faltam para alcançar o objetivo. Na participação voluntária, o jogador tem ciência de regras, objetivos e *feedbacks*.

Salen e Zimmerman (2012, p. 80) apontam que *games* são baseados em "um sistema em que os jogadores se envolvem em um conflito artificial, definido por regras, que resulta em uma saída quantificável". Já Kapp (2012) define que um *game* é um sistema em que os jogadores se envolvem em um desafio abstrato, definido por regras, interatividade e *feedback*, o qual resulta em uma saída quantificável e frequentemente provoca uma reação emocional. Kapp (2012) afirma que um *game* tem como características básicas os seguintes aspectos:

- sistema;
- jogadores;
- desafio;
- abstração;
- regras;
- interatividade;
- *feedback*;
- saída quantificável;
- reação emocional.

Sintetizando todos esses elementos, Kapp (2012, p. 14, tradução nossa) explicita:

> Juntos, esses diferentes elementos se combinam para construir um evento que é maior do que a soma deles. Um jogador se põe a jogar porque o *feedback* instantâneo e a constante interação são relacionados ao desafio do jogo, que é definido por regras, tudo trabalhando dentro de um sistema para provocar uma reação emocional e, finalmente, resultar em uma saída quantificável dentro de uma versão abstrata de um sistema maior.

Para ser considerado um *game*, não basta apenas ter as características básicas apontadas, pois cada elemento tem suas peculiaridades e, no momento em que fazem parte de um todo, acabam se fortalecendo, o que torna o *game* um grande atrativo.

4.1.1 Principais características técnicas do desenvolvimento de *games mobile*

No desenvolvimento de *games*, é importante determinar previamente a plataforma na qual o jogo será executado, como as apontadas a seguir:

- dispositivos móveis como *smartphones* e *tablets*.
- consoles.
- computadores.
- *notebooks*;
- *smart* TVs, entre outros.

É fundamental conhecer as particularidades da plataforma que será desenvolvida, elaborar baterias de testes no decorrer do desenvolvimento, com o objetivo de minimizar erros e identificá-los antes do lançamento, ou executar testes com potenciais usuários e testes de *level design*. Apesar da importância de os jogos serem multiplataformas, várias empresas de desenvolvimento de *games* adotam apenas uma plataforma específica, sendo o *software*, após sua implementação funcional, adaptado às demais plataformas (Reis Junior; Nassu; Jonack, 2002). Esse procedimento pode ser aplicado para empresas que têm *games* desenvolvidos em apenas uma plataforma, como a de consoles, e precisam adaptar o *game* e o *level design* para o desenvolvimento *mobile*, por exemplo.

As principais características técnicas do desenvolvimento de *games mobile* são similares às de outras plataformas, mas é relevante que as regras do jogo tenham mais simplicidade nas mudanças de fases, por exemplo, atributo que proporciona vários aspectos positivos, como a melhora da jogabilidade do *game*. Nos *games mobile*, a comercialização é intermediada pelas lojas dos aplicativos dos sistemas operacionais dos dispositivos móveis. Já nos *games on-line*, as operadoras de telefonia, que dispõem de serviços de acesso à internet, também estão envolvidas, pois aumentam o fluxo de dados no momento em que o *game* está sendo executado. Diante disso, devemos considerar, no desenvolvimento de *game mobile*, as características do peso que ocupará no dispositivo móvel, a compatibilidade com as lojas de aplicativos e o fluxo de dados que o *game* vai gerar. As etapas principais do desenvolvimento de *game mobile* são similares ao desenvolvimento em outras plataformas. Os exemplos das etapas são:

- *Game Design Document* (GDD);
- *level design*;
- arte/animação;
- programação.

É importante salientar que, mesmo que essas etapas sejam similares em outras plataformas, devemos levar em consideração as particularidades da plataforma móvel, principalmente as relacionadas ao peso final do *game* e à geração do fluxo de dados, mesmo com o advento do 5G ou outras tecnologias, como apontam Breyer et al. (2006, p. 31):

> A equipe de game design é responsável pela elaboração do conceito do jogo em todos os aspectos projetaio. A equipe de programação é responsável pela implementação funcional e a de arte pela apresentação visual do jogo. Normalmente, esta equipe multidisciplinar trabalha em paralelo, um alimentando a outra,

passando por diversas fases até alcançar a versão Ouro, que chega ao consumidor final.

Na prática, a etapa do GDD compõe a primeira ideia e o planejamento do desenvolvimento do *game*. Questões de inovação, originalidade, público-alvo e expectativa de mercado são levadas em consideração, bem como os comandos gerais de interatividade do *game*, como as seguintes características:

- dos personagens;
- dos *levels* (fases dos *game*);
- dos cenários, com uma prévia das texturas, cores, iluminação e sombras;
- da interação;
- dos movimentos;
- dos requisitos e aspectos de jogabilidade.

Na etapa de *level design*, são traçadas orientações que vão compor o mapa com todos os desafios que o jogador precisa cumprir para passar de uma fase para outra. Esse trabalho é complementar ao do *game designer* e de comando necessário à construção das artes, conceitos e interfaces desenvolvidas pelo artista de conceito e animadores, respectivamente (Perucia et al., 2005).

Já no processo de criação/animação, são elaborados cenários e personagens, conforme o roteiro, para serem criados em 2D ou 3D. Nos *games mobiles*, é preciso ter cuidado na complexidade das animações, pois elas precisam ter o carre*gamen*to rápido, evitando o travamento no momento da execução e mudanças de fases. Na etapa da programação, são unificados os processos anteriores em um único projeto, apresentando a interface do jogador com a codificação dos arquivos de áudio, e nos jogos mais complexos até elementos de inteligência artificial.

No desenvolvimento de *games mobiles*, é importante considerar os recursos dos dispositivos, como tela *touch*, sensor de movimentos, entre outros, e os locais que o jogador vai executar o *game*, que podem ser em fila, no transporte, no intervalo das atividades. Pensando nisso, uma das características dos *games mobiles* são jogos com curta duração, partidas rápidas e mudanças de níveis simples. Esses apontamentos não são considerados uma regra, mas são relevantes, pois os *games mobiles* muitas vezes são utilizados para passar o tempo e, para alguns jogadores, eles são usados quando não há acesso a outras plataformas, como consoles, *smart* TVs, computadores e *notebooks*.

É importante, no desenvolvimento de *games mobiles*, planejar situações que só podem acontecer nessa plataforma, como receber uma ligação ou notificação de um aplicativo, principalmente se for no momento que está passando de um nível para o outro. Imagine a situação: o jogador está finalizando uma fase e, nesse mesmo momento, recebe uma notificação, conhecida também como *push*, em seu dispositivo móvel, fazendo com que saia do *game*, retornando já em uma fase diferente. Caso seja a primeira vez que esteja executando o *game*, o jogador pode não entender e, dependendo de como foi programado e configurado o jogo, não participar dos momentos final e inicial das fases. Existem vários parâmetros já definidos para situações assim, mas é necessário pensar quais são as ações que o jogador pode executar quando isso acontecer, pois a fluidez do *game* é afetada.

Com a popularização de *tablets*, *smartphones* e outros dispositivos, as ferramentas para o desenvolvimento de *games* passaram por grandes mudanças, adaptando-se a novas formas de jogar, a telas menores e a outras características dos *games* de console que evoluíram para poder ser executados nos dispositivos *mobiles*. Uma das ferramentas é a *game engine*, ou motor de jogo, que é um *software* ou uma série de bibliotecas que simplificam o desenvolvimento de *games*, que podem incluir motor para a renderização de gráficos de três ou duas dimensões. Os motores de jogo podem ter bibliotecas específicas, por exemplo, para um *game* de corrida ou luta, uma programação que detecta uma batida. Os *games engine* têm suporte de áudio, inteligência artificial, gerenciamento de memória dos dispositivos, entre outros recursos, ou seja, apresentam uma estrutura para construção de *games*. Os *games engines* permitem que, por meio de suas ferramentas, o desenvolvimento de jogos seja executado por desenvolvedores individuais, chamados de *indie developers*, sendo algumas ferramentas gratuitas e outras pagas, quais sejam: Unity 3D; Unreal Engine; libGDX; Corona SDK.

As ferramentas apresentadas são exemplos de ferramentas para o desenvolvimento de *games mobiles* e multiplataformas; com elas, os aspectos da programação e alguns efeitos de animação já podem estar estruturados. Desse modo, os profissionais podem focar mais no jogador, na maneira como interage com o *game*, nos aspectos da jogabilidade em geral, entre outros elementos. Por exemplo: a ferramenta Unity 3D é um *game engine* com interface simples para desenvolvimento de *games* em duas dimensões e em três dimensões. A estruturação do jogo acontece por meio de cenas em seu editor, em que é necessário apenas arrastar os recursos para a área de criação, e outros elementos, tais como: animações; *scripts*; modelos; objetos do *game*.

Os objetos do *game* são uma ferramenta que tem biblioteca *on-line* e permite executar buscas de recursos. A Unity 3D desenvolve *games* multiplataformas para diversas plataformas, por exemplo: iOS; Android; Windows; *web*; principais consoles disponíveis.

A ferramenta Unreal Engine desenvolve *games* em duas e três dimensões, além de ter foco em projetos com maior complexidade que necessitam de melhor *performance*. Também é multiplataforma e deve-se tomar cuidado ao utilizá-la, pois, embora seja gratuita, existem termos relacionados ao pagamento de *royalties* sobre os ganhos com o *game*. Na prática, é utilizada com o objetivo de unir todos os Assets criados e será utilizado como a última plataforma de criação e desenvolvimento, por permitir vários recursos. Fica mais fácil de colocar em prática as ideias criativas, pois diminui o nível de restrições sobre as funcionalidades do *game* e *level design*.

Entre os vários recursos e aplicações, a ferramenta Unreal Engine dispõe de sistema de *blueprint*, o qual proporciona resultados precisos, desde que seja desenvolvido com um bom planejamento. Antes de iniciar, é recomendável analisar a imagem de referência, verificar se as configurações estão corretas e a qualidade do desenho técnico. É importante que o *blueprint* seja desenvolvido com precisão e nas escalas corretas em todas as vistas, além de ser elaborado em pelo menos três vistas principais: frontal, lateral e superior. É interessante, também, ter uma versão como referência do desenho que será modelado para o *game* e, posteriormente, animada de perspectiva, pois, dessa forma, é possível visualizar e ter uma noção mais clara de como é a expectativa do resultado final da modelagem.

O sistema de *blueprint* é um grande facilitador para a programação do *game*, mesmo para os profissionais e pessoas que não trabalham na área desenvolvimento, pois permitem elaborar animações e eventos no jogo de maneira mais simples. A Unreal Engine permite importar vários modelos, por exemplo, de personagem, ou mesmo uma parede já com os controles de animação, ou até a própria animação propriamente dita, e inserir outros objetos de uma cena. É importante conhecer, estudar e explorar as ferramentas e aplicações de *engines*, no qual é indicado construir protótipo de *game* ou das diferentes possibilidades de programação, em razão de influenciar o que pode ou não ter no *game*, sendo também uma maneira de se familiarizar com a ferramenta.

A ferramenta libGDX desenvolve *games* em 2D e 3D e é indicada para jogos de baixa a média complexidades, além de não precisar de emuladores para executar em Android e *desktop* e de ser uma multiplataforma. O Corona SDK é focado no desenvolvimento de *games* em duas dimensões e não oferece suporte para três dimensões, permitindo desenvolvimento para plataformas iOS e Android, sendo possível inserir ferramentas de monetização, como propagandas *banners* etc. O Corona SDK tem linguagem de programação simples e intuitiva com versões gratuitas e pagas e é multiplataforma. Essas são apenas algumas ferramentas para desenvolvimento de *games mobiles* que, em sua maioria, são multiplataformas.

Outra ferramenta importante são os *frameworks*, conjuntos de códigos de uma linguagem de programação específica que auxiliam o desenvolvimento de um *software,* como um *game*. As vantagens de utilização dos *frameworks* são o baixo nível de programação e o maior controle da programação do *game*, e vários deles desenvolvem *games* em diversas linguagens, como Java, que funciona de maneira unificada em várias plataformas *mobile*, como:

- iOS;
- Android;
- Windows;
- Mac;
- Linux;
- Html5.

O *framework* Projeto Mono é compatível com plataformas de dispositivos móveis, computadores e consoles, e o Mono*Game* é também um *framework* multiplataforma e de fácil portabilidade de *games* desenvolvidos nativamente no *framework* para outras plataformas. É importante salientar que, em virtude de o mercado de *games Level Design* ser bastante dinâmico, deve-se estar sempre atualizado sobre novas ferramentas, atualizações e até descontinuações.

4.2 Definição de motores de jogos

O *game engine*, ou motor de jogo, é fundamental para a criação de jogos nas diversas plataformas existentes, como as móveis, por isso é importante aprofundar o assunto e revisar sempre seus conceitos. Os motores de jogos permitem, por meio do uso de suas ferramentas, que o desenvolvimento de *games* seja executado por desenvolvedores individuais, chamados *de indie developers,* e algumas ferramentas são gratuitas e outras pagas. Vejamos, no quadro a seguir, algumas ferramentas gratuitas.

Quadro 4.1 – **Ferramentas gratuitas de motores de jogos**

Adventure Game Studio	Agar	Allegro library	Antiryad GX
APOCALYX	Axiom Engine	Baja Engine	World Builder
Blender Publisher	Boom	Build engine	BYOND
Catmother	CheapHack	CEL	CELstart
Crystal Space	Cube	DarkPlaces	Daybreak motor
Dead Souls	Delta3d	DGD	Dim3
Doom engine	Dungeon Craft	DXFramework	DX Studio
Epee Engine	Eternity Engine	Ethanon Engine	Exult
FIFE	Game Maker	GTGE	GZDoom
Genesis3D	GemRB	Horde3D	id Tech 2
id Tech 3	Irrlicht	JGame	jMonkeyEngine
Jogre	KallistiOS	Knight Free 3D Suite	KonsolScript
M.U.G.E.N	Multiverse Network	Nebula Device	OctLight
Open Game Engine	OGRE	Paintown	Panda3D
PLIB	ProQuake	Pygame	PySoy
RealmForge	Retribution Engine	Ren'Py	RPG Toolkit
Sauerbraten	Sploder	Stratagus	Telejano
Blender Game Engine	Tile Studio	vbGORE	Wintermute Engine

A tecnologia dos motores de jogos gerou diversos benefícios. Anteriormente, as programações dos *games* precisavam ser escritas como entidades singulares, sem separação de áreas como a gráfica e a física. Assim, os jogos demandavam maior grau de planejamento, no qual, desde o início, era necessário manter o código de maneira mais simples possível, para que seja viável fazer uso otimizado do *hardware*, graças às suas limitações. Na prática, os motores de jogos apresentam um motor gráfico e outro físico, sendo suas características principais:

- **Motor gráfico**: tem a função de renderizar os gráficos em duas ou três dimensões.
- **Motor físico**: tem a função de simular efeitos físicos, como detecção de colisão, além de prestar suporte a animação e sons.

Os motores de jogos, ou *game engine*, começaram a ser utilizados nos anos 1990, especialmente para o desenvolvimento de jogos em três dimensões, como *games* de tiro em primeira pessoa. Os desenvolvedores licenciaram os núcleos dos jogos, utilizando-os como base para seu próprio *game engine*; exemplos de utilização de motores de jogos da época são Doom e Quake. Outros sistemas podem ser considerados como *game engine*, tais como:

- Sierra's AGI e SCI Systems;
- LucasArts' SCUMM;
- Incentive Software's Freescape Engine.

Tendo em vista que já podiam ser desenvolvidos jogos muito antes da criação de APIs como DirectX e OpenGL, o desenvolvimento dos jogos foi impulsionado pela evolução das tecnologias. Isso consequentemente ajudou o desenvolvimento do mercado, facilitando o *level design*. A primeira versão do DirectX foi lançada em 1995, como a Windows *Games* SDK.

O *game engine* é considerado uma aplicação complexa e, com o avanço contínuo de sua evolução, foram criadas separações entre seus elementos, que são destacadas a seguir:

- *scripting*;
- renderização;

- arte;
- *level design.*

Consequentemente, é comum que as equipes de desenvolvimento tenham mais profissionais de design do que programadores. Facilitar o trabalho da criação de um *game* é um dos objetivos principais do *game engine,* pois permite que a programação que foi desenvolvida para um *game* seja reutilizada em outro *game,* diminuindo assim a quantidade de tarefas que precisam ser executada. Só com esses recursos se diminui a complexidade do desenvolvimento de um *game,* permitindo que ele seja criado integralmente por uma única pessoa, por exemplo pelos *indie developers.*

Para compreendermos o funcionamento de *engines,* primeiramente é importante conhecer outras ferramentas que auxiliam e dão mais praticidade ao desenvolvimento de *games,* por meio de diretivas que eliminam algumas etapas da criação de jogos. As *Aplication Programming Interface* (API) – Interface de Programação de Aplicativos – são uma das primeiras ferramentas que otimizaram o funcionamento de *engines;* trata-se de bibliotecas adicionadas à linguagem de programação, cujo objetivo é reduzir a quantidade de funções a serem consideradas pelo programador toda vez que começar a desenvolver um *game.* Os motores de jogos são bibliotecas de desenvolvimento que dão suporte à linguagem e à API gráfica e, na maioria das vezes, têm a função de organizar a estrutura do jogo, gerenciar imagens, processar entrada de dados e outras funções (Gomes; Pamplona, 2005). Atualmente, jogos são construídos modularmente, e o motor do jogo refere-se ao conjunto de módulos de código de simulação que não especificam diretamente o comportamento do jogo (a lógica do jogo) ou o ambiente do jogo (dados de nível).

O funcionamento de *engines* ocorre pelo agrupamento das funções mais importantes para a criação de *games*, que podem se estender da interação com os periféricos de entrada até a renderização dos cenários e personagens. Dessa forma, permite-se que diversas aplicações sejam criadas usando como base a codificação de um componente central, o que consequentemente reduzirá o tempo total para o desenvolvimento, seja do *game*, seja do *level design*. Isso auxilia a equipe desenvolvedora a dispor sua energia concentrando-se no trabalho em atividades de mais alto nível. Rocha et al. (2007) definem que, por mais genéricos que sejam, os motores costumam ser projetados tendo em vista uma classe particular de jogos, como 2D ou 3D.

A elaboração de *games* e *level design* com o funcionamento de *engines* se torna uma tarefa mais fácil para os profissionais que tenham noções básicas de lógica de jogos e operações de transformações de objetos geométricos, em razão da variedade de ferramentas prontas. Dessa maneira, não é necessário o conhecimento avançado de programação para desenvolver um *game*; em alguns casos, para os mais simples, até conhecimento nenhum de programação. O funcionamento do *game engine* proporciona para o desenvolvedor preocupação menor quanto à quantidade de detalhes técnicos, pois as ferramentas pré-programadas dos motores dos jogos ajudam em diversas tarefas.

Um exemplo simplista, mas prático, é o funcionamento de *engines* que podem ser comparadas com peças de Lego®, em que a pessoa sabe o que deseja montar. Nesse caso, basta juntar as peças para alcançar esse resultado, e cada peça de Lego® pode ser representada por elementos fundamentais para o desenvolvimento de um *game*, conforme apontado a seguir:

- *engine* de renderização;
- áudio;
- cálculos físicos;
- inteligência artificial.

Além desses elementos, deve ser considerada a própria lógica de funcionamento do *game*, por exemplo, RPG, FPS ou um *game* de corrida. No exemplo do FPS, o desenvolvedor da história não tem a preocupação em como vai funcionar o mecanismo de mira, em desenvolver a programação da sombra ou em como os inimigos se comportarão; ele simplesmente utiliza a inteligência artificial e se dedica a montar a história com as ferramentas disponíveis, assim como se dedicará ao *level design*.

As tecnologias dos motores de jogos são dinâmicas e sempre há novos avanços, como a Allegro. Trata-se de biblioteca livre, *open source*, cujo principal objetivo é a independência de plataforma de operação, com a mesma codificação de maneira fiel, sem ter a necessidade de remover ou inserir se quer um único caractere, pode compilar e rodar em todas as plataformas suportadas. A Allegro tem comunidade numerosa e ativa e conta com vários recursos nativos, tais como:

- gráficos 2D com OpenGL;
- gráficos 3D com OpenGL;
- entrada de dados pelo teclado e mouse;

- RLE-Sprites;
- exibição de vídeos;
- controle de som.

A Allegro é considerada uma API bastante extensível. Sua interface pública de acesso da biblioteca é escrita em C, e, internamente, seu código-fonte é escrito em uma mistura de C, Assembly (*drivers* i386), C++ e Objective-C. O *kit* de desenvolvimento de Código Aberto, denominado AndEngine 2D, é indicado para iniciantes na criação de *games* em duas dimensões e *level design*, podendo ser rodado no sistema operacional Android, da Google. A AndEngine 2D dispõe de suporte à detecção de colisões e implementa algumas propriedades físicas, por exemplo: velocidade; gravidade; elasticidade; entre outras.

A AndEngine 2D facilita a criação de modos *multiplayer*, de partículas e de suporte a *multitouch*. Já o *Game*-Editor é um programa para criação de *games* em duas dimensões: *open source* sob a licença GPL v32, cujo objetivo é a simplificação de *games* e multiplataforma. Entre seus diversos recursos, estão a configuração de propriedades do *game*, como resolução qualidade do som, quantidade de *frames* por segundo e teclas especiais; e *Game*Maker, que pode ser considerada concorrente do *Game*-Editor, mas funciona apenas no sistema operacional Windows, porém com suporte para Mac.

A criação de *games* tornou-se mais fácil e mais popular por conta da melhoria das interfaces dos motores de jogos e, consequentemente, pessoas com pouco conhecimento técnico para desenvolver *games* da maneira convencional têm acesso à criação de seus próprios *games*. A melhoria da interface dos principais motores do jogo não serve apenas para incentivar as pessoas não técnicas no desenvolvimento, mas auxilia também os profissionais mais experientes, pois, graças ao aumento da complexidade existente em alguns *game engines*, estes podem ter dificuldades em utilizar um motor de jogo caso sua interface não seja de fácil compreensão, ou seja, amigável e intuitiva.

Para escolher o motor de jogo que é indicado para determinada função ou *level design*, é necessário fazer comparações. Observemos um exemplo da *Game*-Editor em relação a outros *game engines*, comparando com a Allegro, uma API baseada em C. Sendo *open source*, suporta programação em C, C++, Python entre outras, e é indicada para a criação de *games* em duas e três dimensões, mas é importante conhecimento prévio de programação. Dessa maneira, não pode ser considerada como de fácil aprendizado e de desenvolvimento ágil, mas dispõe de grande quantidade de funções prontas. Veja um comparativo dos principais motores de jogo.

Quadro 4.2 – **Comparativo entre os motores de jogos**

	Allegro	AndAngine	GameMaker	GameEditor
Agilidade no desenvolvimento	Não	Sim	Sim	Sim
Facilidade	Não	Sim	Sim	Sim
Requer Programação	Sim	Não	Não	Não
Permite Programação	Sim	Não	Não	Sim
Tipo de Licença	Open Source	Open Source	Freeware	Open Source
Ferramentas Prontas	Sim	Sim	Sim	Sim
Gênero	2D/3D	2D	2D	2D

Desenvolvendo essas comparações, é necessário analisar o melhor motor de jogo para ser utilizado nas diversas situações. No exemplo, fez-se a comparação com o *Game*-Editor, que é de código aberto, multiplataforma, ou seja, o *game* desenvolvido é compatível para os sistemas operacionais, desde PC tanto Linux, Windows e Mac.

A maioria dos *games* desenvolvidos atualmente é criada a partir de *engines*, por ferramentas de terceiros disponíveis no mercado ou desenvolvidas internamente para o portfólio de *games* de uma empresa desenvolvedora. Para que as empresas de desenvolvimento de *games* sejam competitivas, por meio, por exemplo, da redução de custos e do tempo de desenvolvimento, manutenção ou atualização de um *game*, o uso de *game engine* é importante.

Os modelos de jogos criados a partir de *engines* não são uma realidade apenas dos *games* atuais. Alguns jogos de consoles e algumas empresas, como a Epic *Games*, mesmo sem grande portfólio de *games*, tiveram a preocupação de criar um *kit* de desenvolvimento, o qual são facilmente adaptados, conforme a necessidade de cada projeto de *game* de quaisquer gêneros, proporcionando a geração de gráficos com ótima qualidade. Nesse momento, outras empresas perceberam os benefícios de utilizar esses *kits*, e vários *games* foram desenvolvidos como motores de jogos, a exemplo do Unreal Engine. Grandes empresas desenvolvem ou desenvolveram jogos a partir de *engines,* **por exemplo: Capcom; Activision; Sega; Electronic Arts; Square Enix.**

Há uma enorme variedade de jogos criados por meio de *engines*. A seguir, vejamos os que se destacaram em sua época utilizando *engines:*

- *Shadow Complex* – criado por uma subsidiária da Epic Games, a Chair Entertainment, e lançado digitalmente apenas para o Xbox 360, em 2D. O jogo foi inspirado no livro *Empire*, de Orson Scott Card, que instigou a criatividade dos desenvolvedores, resultando em cenários com qualidade gráfica e detalhes nos efeitos como explosão e movimentação natural dos personagens. Dessa forma, evidencia-se que os desenvolvedores, ao utilizarem os *games engine*, preocuparam-se mais com o aspecto visual e *level design* do que com a programação.
- *Bioshock* – disponível nas plataformas Xbox 360, PC e Playstation, é outro exemplo de modelo de jogos criados a partir de *engine*. Foi desenvolvido pela Irrational Games, e o grande desafio era utilizar gráficos bem coloridos. Mas, para um *game* que tem o objetivo de assustar as pessoas, não foi uma decisão de *design* fácil, já que os desenvolvedores estavam mais preocupados com o visual e com *level design* do que com a programação. A direção artística acreditou que seria possível, e realmente viabilizou um *game* com essas características. Para entender melhor a história do *game*, ela é passada no fundo do mar, na qual a água é um elemento gráfico difícil de ser reproduzir, mas foi retratado nos mínimos detalhes até o de um pequeno vazamento.
- Mass Effect, disponível para Xbox 360 e PC.
- Unreal Tournament 3, para Xbox 360, PC e Playstation.
- Infinity Blade, disponível apenas para o sistema operacional iOS.
- Mirror's Edge, para o Xbox 360, PC e Playstation.
- Borderlands, disponível para Xbox 360, PC, e Playstation 3.
- Batman: Arkham Asylum, para Xbox 360, PC e Playstation.
- Gears of War, disponível para Xbox 360 e PC.

- Enslaved: Odyssey to the West, para Xbox 360 e Playstation 3.

Por meio desses *games*, constatamos a importância do *game engine* para o desenvolvimento de jogos e *level design*, além de ser uma solução para reduzir o custo e o tempo de desenvolvimento, atualização e manutenção de um *game*, tornando uma empresa desenvolvedora mais competitiva.

4.3 Desempenho, tamanho de telas e distribuição de *games mobile*

Para propor experiências satisfatórias de *level design* aos jogadores nos *games mobiles*, o desempenho e o tamanho da tela são relevantes. No desenvolvimento de *games mobile*, o desempenho não está apenas relacionado aos tamanhos de tela no qual o jogo será executado, sendo a programação, ou seja, a linguagem escolhida e como ela foi escrita, uma relevante influenciadora da *performance* de um *game* e do *level design*. Observe, por exemplo, um *game* desenvolvido com as diretrizes para o sistema operacional iOs prevendo resolução e tamanho de tela de 720 p, sendo elaborado a partir de uma adaptação para o sistema operacional Android, que será visualizado em um dispositivo móvel de 1.440 p. Nesse exemplo apresentando, além da linguagem de programação ser diferente dos sistemas operacionais, o tamanho das telas é diferente, o que vai gerar estiramento dos gráficos.

É importante salientar que essas situações acontecem utilizando a mesma plataforma *mobile* e, quando se faz a adaptação de um *game* de console para esses dispositivos, é necessário ter um cuidado ainda maior, principalmente quando a adaptação inclui *games* de longa duração, em que os jogadores estão acostumados a interagir com telas grandes, como de televisores que proporcionam ter visão até panorâmica de jogo, e experiências diferentes de mudanças de fases. Na adaptação de um *game* de futebol de console para *mobile*, por exemplo, é preciso considerar que, no televisor, o jogador tenha a visão do campo inteiro. Em um dispositivo móvel, também se tem essa visualização, mas, pelo fato de o tamanho da tela ser menor, muitas vezes não é eficaz; assim, esses aspectos precisam ser bem pensados nesses ajustes. A adequação de *games* de console deve ser totalmente personalizada para *games mobiles*; embora as tecnologias dos dispositivos estejam cada dia mais avançadas, dificilmente o desempenho de um *game mobile* será o mesmo em relação aos de console.

O desempenho de um *game* pode ser influenciado por sua programação, que pode interferir em seu peso, pois se for desenvolvido de maneira complexa pode demorar mais tempo para executar determinadas ações, como a mudança de níveis, se comparado a quando é escrito com programação mais simples. A programação pode otimizar a renderização dos elementos em três dimensões: efeitos visuais, efeitos sonoros e utilização de imagens fixas dos *games* como os fundos, em que podem ser utilizados recursos de compactação e descompactação etc.

O *ping* alto, latência ruim ou simplesmente *lag*, que se relaciona ao atraso do processamento das informações de um computador, *notebook* ou dispositivo móvel, apresenta as informações visuais da interatividade de um usuário. O *lag* pode ocorrer também pela demora da comunicação do servidor do *game*. No caso de jogos *on-line,* esse é outro fator de desempenho que deve ser considerado. Quando o jogador está executando o *game* em um deslocamento, normalmente estará utilizando os dados móveis de sua operadora telefônica, que mesmo utilizando a tecnologia 4G não é totalmente estável, mesmo considerando os recursos da tecnologia 5G, é importante ter essa preocupação. Essa situação também deve ser considerada na adaptação de *game on-line* de console para *game mobile*, seja ele de longa duração ou não, pois geralmente, em casa, o jogador utiliza internet de banda larga, que é mais estável, ou seja, proporciona uma experiência diferente de um *game mobile* jogado com internet com dados móveis.

Tendo em vista a existência de dispositivos *mobile* no sistema operacional iOS e Android em diversos tamanhos de tela, é necessário o desenvolvimento de *games* e *level design* personalizados para cada tamanho ou que sejam flexíveis à sua adaptação. Deve-se utilizar um *layout* flexível, considerar que as dimensões não podem ser rígidas, ou seja, devem ter determinado tamanho de tela fixa, pois ele precisa responder de maneira eficiente no momento que é executado, em orientações e tamanhos diferentes. Para desenvolver um *layout* flexível, é importante que as dimensões utilizadas proporcionem redimensionar sem distorcer a visualização do *game* e na programação incluir imagens estáticas, como as de fundos, que permitam esticar sem perder a qualidade.

Nas plataformas oficiais dos sistemas operacionais iOS, Apple e Android, há informações com orientações de como devem ser desenvolvidas adaptações para ser disponibilizado o *game* em suas lojas oficiais. Outra opção para os tamanhos das telas de *games mobiles* é a criação de *layouts* alternativos, pois o desenvolvimento dos *layouts* flexíveis em alguns casos não oferece a melhor experiência para os jogadores. É preciso considerar que, no momento de adaptar, se for necessário esticar o *layout*, distorções podem ocorrer, principalmente quando o tamanho da tela apresenta grandes diferenças, como de um *smartphone* para um *tablet*. Essas informações são inseridas na programação do *game*, o qual no momento em que é acessado ou executado o *download* na loja do aplicativo, é identificado o tamanho da tela. Dessa forma, é executado e baixado o *game* no tamanho adequado e com as características de *level design*.

É importante utilizar as técnicas de modularização de componentes com fragmentos; por exemplo, em um *game* de futebol, é possível ter módulos diferentes com vistas diversas quando é visualizado em um *smartphone,* que possui tela pequena, em relação do momento que é executado em um *tablet*. No *tablet,* esse jogo pode ter módulo da vista panorâmica do campo inteiro e, no *smartphone,* a vista da metade do campo somente onde a bola está sendo chutada naquele momento. Assim, criam-se diversos painéis de visualizações inseridos em atividades separadas quando o *game* é executado em um dispositivo de tela menor.

Além da técnica de modularizar componentes com fragmentos, quando são utilizadas imagens como plano de fundo, por exemplo, recomenda-se a criação de *bitmaps nine-patch* esticáveis, que são arquivos no formato PNG em que é possível informar as regiões da imagem que não podem ser distorcidas. Embora existam diversas técnicas relacionadas ao desempenho e ao tamanho de tela, não se descarta a necessidade de testes em todas as opções. Para não ter a necessidade de aparelhos de tamanhos diferentes, que seria a situação ideal, normalmente as empresas de desenvolvimento de *games mobiles* de pequeno porte utilizam emuladores *web* que simulam a execução do *game* em tamanhos de telas diferentes.

É fundamental o profissional de *level design* que vai criar *games* para *mobile* saber como funciona a distribuição de jogos para Android e IOS. Algumas empresas de desenvolvimento de *games mobiles* costumam disponibilizar a versão beta dos jogos; embora o estágio dessa versão ainda esteja em desenvolvimento, é visto como aceitável para alguns jogadores terem acesso e executarem testes de *level design*. Vale salientar para os jogadores que, nessa versão, ainda podem existir algumas dificuldades e a necessidade de serem revistas, bem como que alguns *bugs* podem acontecer. Essa estratégia é adotada por algumas empresas antes do lançamento oficial de um *game mobile*, não apenas para verificar erros do desenvolvimento, mas também para se certificar de como está a inclusão do *game* nas principais lojas de aplicativos, da velocidade de *download*, entre outros itens. No desenvolvimento de *game mobile*, é essencial conhecer o funcionamento dos sistemas operacionais que serão executados o jogo, sendo os principais Android e iOS, como já mencionamos.

Cada um tem a sua loja específica para a distribuição dos jogos. A loja do sistema operacional Android é a Google Play, e a da iOS é a Apple Store. Cada uma tem suas particularidades de programação do *game*, conforme apresentado no quadro a seguir.

Quadro 4.3 – **Comparativo de recursos entre os sistemas operacionais iOs e Android**

iOs	Android
Suporte à linguagem de programação Objective-C.	Suporte à linguagem Java.
Linguagem específica da Apple denominada Swift.	Código aberto que possibilita o uso de recursos e ferramentas de terceiros para aperfeiçoamento dos *games*.
Sistema operacional fechado que proporciona mais segurança.	Permite acesso ao código fonte que auxilia integrar *games* para ecossistema Android.
Avaliação criteriosa para aprovar a disponibilização do *game* na loja.	Utiliza o sistema de busca do Google, que encaminha de modo fácil os jogadores para os *games*.

Além da programação, no processo de distribuição de jogos para Android e iOS, é importante conhecer a maneira correta de disponibilizar as palavras-chave para facilitar a busca do *game*. Vídeos e *screenshots* também são visualizações da tela do jogo para o usuário ter referências visuais; na distribuição de jogos para Android e iOS, a configuração desses itens é importante, assim como as atualizações e correções de eventuais *bugs*, pois possibilita a melhoria de *ratings* e *reviews*. Quando se distribuir ou atualizar um jogo para iOS, é preciso definir bem as palavras-chave antes de enviar o *game*, pois, caso contrário, será necessário o envio de uma nova atualização para apenas enviar novos termos.

Nas palavras-chave, ou *keywords,* da Apple Store, há um limite de no máximo cem caracteres e outras restrições, tais como repetir termos que estão no nome do desenvolvedor ou aplicativo, que devem ser separados por vírgulas e sem espaço entre eles. Já no

Google Play, o limite de palavras-chave é de 4 mil caracteres e não é necessário enviar atualização do *game* para alterar ou termos ou *screenshots*, ao passo que, para *games* de longa duração, é importante modificar os *screenshots* com frequência para instigar potenciais jogadores a baixarem o aplicativo, mostrando as diversas fases de que o jogo dispõe. Assim, na alteração em intervalos diferentes dos *screenshots*, os jogadores interessados no *game* que ainda não executaram o *download* têm visões de telas diferentes, instigando a vontade de jogar. Essas são apenas algumas informações sobre a distribuição dos jogos para Android e iOS, que, conforme as atualizações dos termos do Google e da Apple, podem ser alteradas. Vale consultar os *sites* oficiais para obter informações das diretrizes para distribuir aplicativos nessas lojas, certificando-se se não existem especificações direcionadas para *games*.

Neste capítulo, pudemos compreender as características e as ferramentas fundamentais do desenvolvimento de *games mobile*, que, aliando os recursos tecnológicos dos dispositivos móveis, resultam em jogos e *level design* atrativos. Dessa forma, *games* de consoles, computadores, *notebooks*, smart TVs, ou seja, de plataforma fixa que ainda não se adaptaram, buscam essa adaptação, que é fundamental para esse tipo de linguagem. O conhecimento sobre os assuntos aqui abordados é essencial, pois o mercado de *games*, dispositivos móveis, *tablets* e *smartphones* continuará sendo promissor por muito tempo.

Para os profissionais que trabalham com *level design*, é importante a compreensão dos motores de jogos, sobre os quais apresentamos conhecimentos práticos de funcionamento de *engines* e os principais motores de jogo disponíveis. Com a aplicação do *game engine*, as empresas desenvolvedoras podem se tornar mais competitivas no mercado, reduzindo o custo, o tempo de desenvolvimento, a manutenção e as atualizações de um projeto de *game*. Os fundamentos de *level design* podem ser aplicados em diversas áreas; por exemplo, para promover o aprendizado, a concentração e a interação entre professores e alunos. As tecnologias são um dos fatores que tiram a atenção dos alunos, mas os professores devem utilizá-las ao seu favor em vez de proibi-las, como os *games* que também podem estar acessíveis nos dispositivos móveis.

Estudar e compreender as tecnologias como metaverso, por exemplo, analisando como elas estimulam os estudantes, identificando o que mais atraem nos alunos, pode ser útil. Com esse diagnóstico direcionado, é importante se aprofundar em como os *games* atraem a atenção dos jogadores e utilizá-los como ferramentas para o aprendizado, prática conhecida como *gamificação na educação*. Estar atento ao comportamento da sociedade é importante para os educadores tornarem o aprendizado o mais natural possível, observando o que os alunos vivenciam em seu dia a dia, principalmente para os nativos digitais. A gamificação na educação assume um papel relevante para trazer os estímulos que os estudantes recebem fora do ambiente escolar para dentro da aula, nos quais podem ser aplicados os conceitos de *level design*. A popularização do metaverso, que de modo geral se caracteriza por um tipo de mundo virtual, procura replicar a realidade por meio de dispositivos digitais. Ele é considerado um dos campos promissores, pois os alunos podem participar de exposições interativas, conforme vemos na Figura 4.1.

Figura 4.1 – **Metaverso é um exemplo de tecnologia em que o *level design* pode atuar**

Existem diversas aplicações para os *games*. Eles podem ser utilizados em estratégias pedagógicas na educação, por exemplo, por conta da motivação e do engajamento dos jogadores (principalmente estudantes nativos digitais). Os nativos digitais se caracterizam por ser uma geração que nasceu e cresceu na era digital, sendo assim, é a faixa etária que mais usa dispositivos, como videogames, *tablets*, *smartphones*, entre outros (Lazzaro, 2005). A motivação por utilizar o videogame para os nativos digitais faz parte de seu cotidiano e da construção da sua cultura (Azevedo, 2012).

Mesmo que a motivação seja finalizar tarefas em ambiente virtual, o conceito pode ser aplicado para motivar os jogadores a cumprir tarefas que têm relação com as atividades que devem ser executadas no mundo real. Um exemplo prático é um dos princípios da gamificação, cuja motivação é fornecer conhecimento aos estudantes, engajamento de colaboradores de uma empresa para alcançar metas ou motivações de clientes para comprar produtos específicos.

Na prática, a gamificação usa fundamentos dos *games* para atividades fora do contexto de um jogo. A gamificação é "o uso de mecânicas, estéticas e pensamentos dos *games* para engajar pessoas, motivar a ação, promover a aprendizagem e resolver problemas" (Fardo, citado por Kapp, 2012, p. 202, tradução nossa). A gamificação atribui valores extrínsecos nas atividades que podem não ter muita motivação para determinadas pessoas, mas que precisam ser cumpridas. Dessa forma, a gamificação torna a execução dessa tarefa uma experiência lúdica, mas que procura motivar a participação das pessoas.

A aprendizagem e a tecnologia têm muito em comum, afinal, ambas buscam simplificar o complexo. A grande diferença entre esses dois campos é a velocidade. Enquanto a tecnologia evolui muito rapidamente, parecemos insistir na utilização de apresentações em Power Point intermináveis que só dificultam o aprendizado, dispersando a atenção de nossos aprendizes, que encontram um universo bem mais interessante em seus *smartphones*.

A velocidade em que a tecnologia evolui e a capacidade que os estudantes nativos digitais têm de se adaptar precisa ser sempre observada pelos professores, além de trazer novos dispositivos e aplicativos para serem utilizados como elementos motivadores para o aprendizado. As tecnologias dispõem de várias ferramentas que podem ser utilizadas de maneiras criativas para promover a concentração do aluno e a interação com o conteúdo que fora apresentado, como a *level design*. Por meio do conhecimento da definição de *games*, de suas características básicas, do entendimento de como os jogadores são estimulados e prendem a sua atenção, a gamificação pode ser utilizada em favor da educação.

SÍNTESE

Neste capítulo, abordamos a definição de *game engine* mediante conhecimentos práticos acerca do funcionamento de *engines*. Estudamos também as ferramentas utilizadas para o desenvolvimento de *games mobiles* e jogos multiplataformas, além de aplicações relacionadas a *engines* e exemplos de jogos criados a partir desses mecanismos.

SeventyFour/Shutterstock

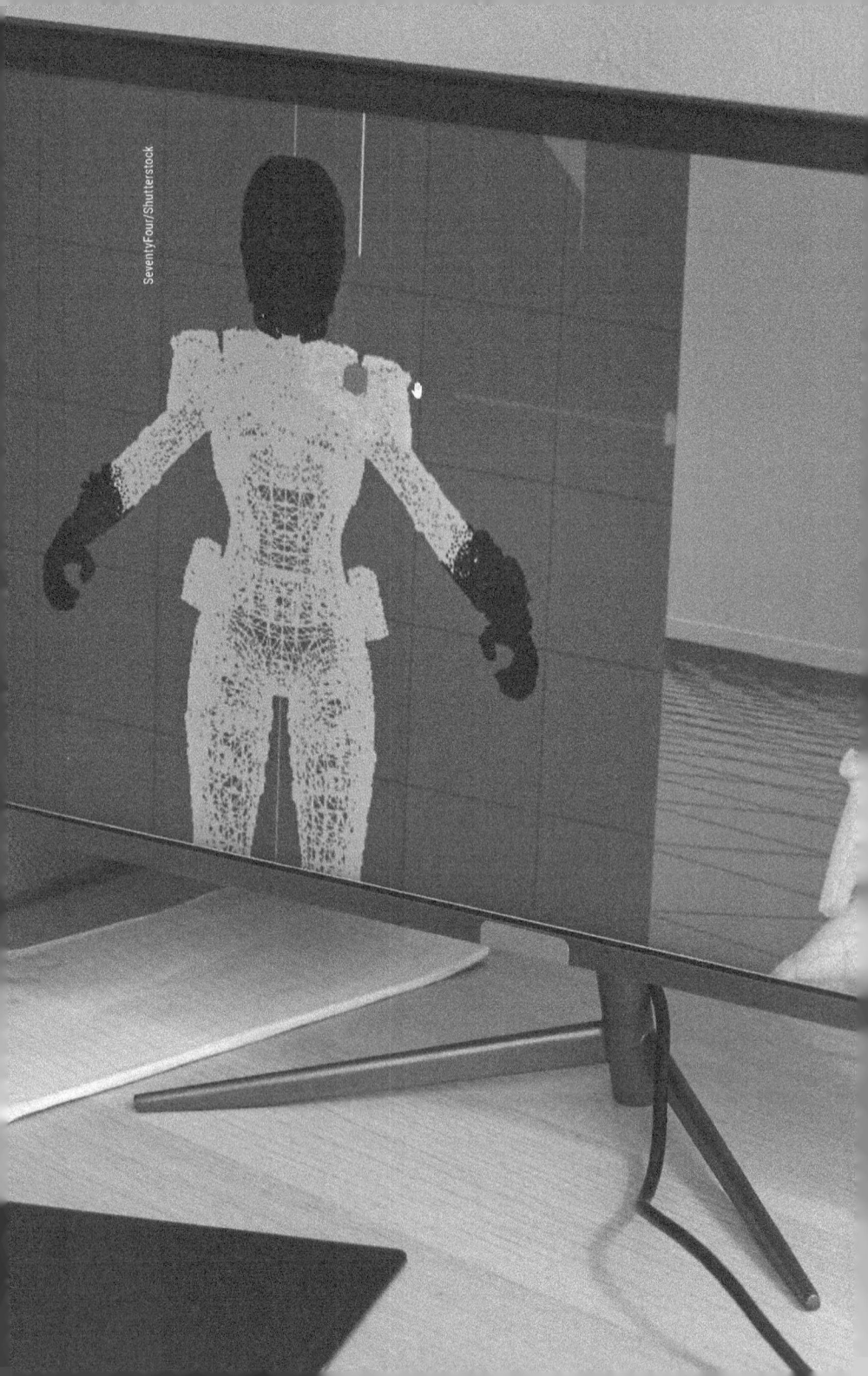

CAPÍTULO 5

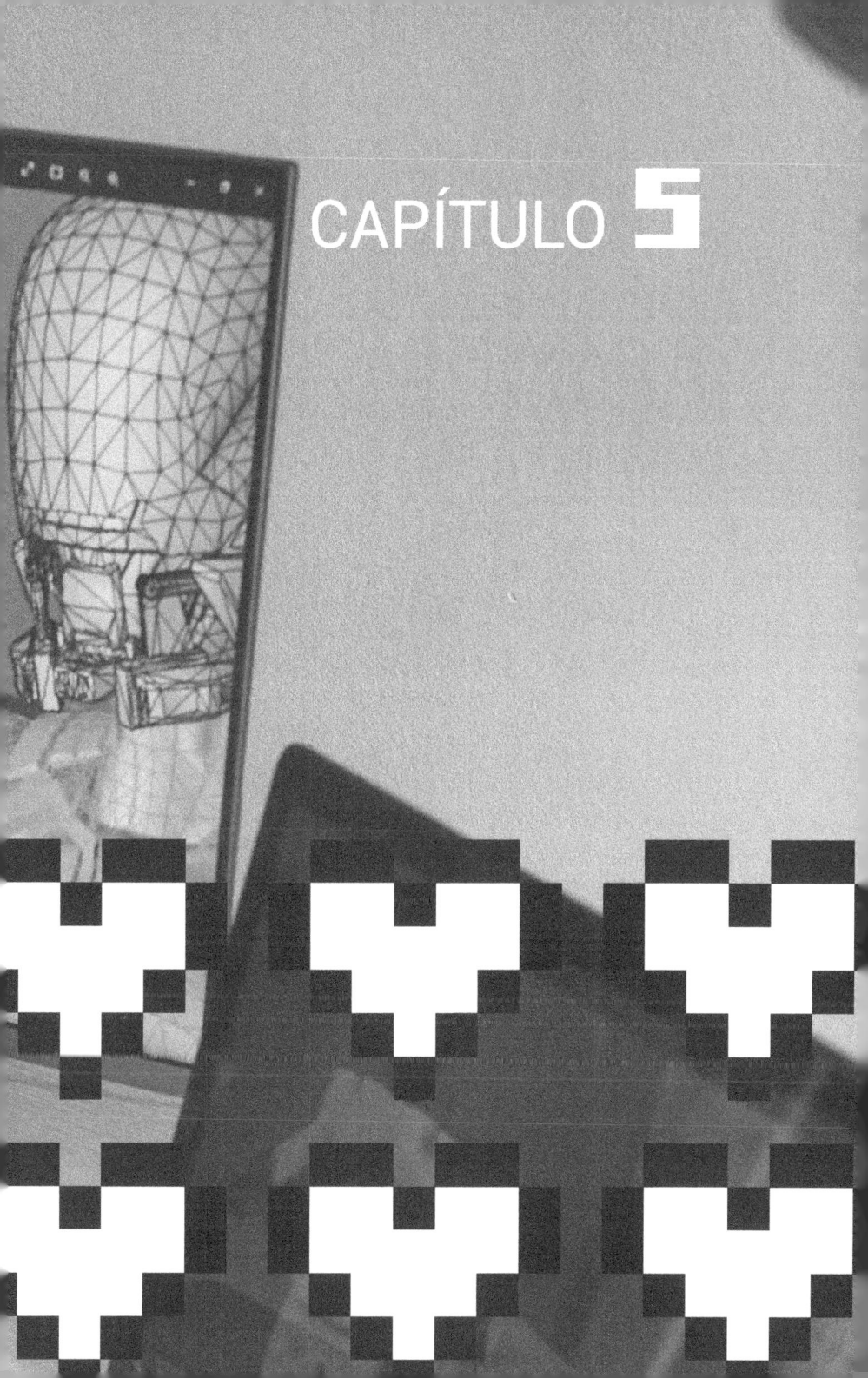

TÉCNICAS AVANÇADAS DE *LEVEL DESIGN* E GAMIFICAÇÃO

Para se aprofundar no *level design*, é recomendável que os profissionais tenham conhecimentos relacionados ao *design* de *games*, pois essa área envolve o processo conceitual, esboços ou rascunhos, versão beta e, em *games* 3D, a modelagem, e todas essas etapas devem se atentar ao *level design*. O design de *games*, embora seja uma área ampla, deve ser desenvolvido concomitantemente com a programação e com os responsáveis da redação, pois todos os jogos contam uma história, que deve ser coesa. Nos grandes projetos, os profissionais de *design* de *games* geralmente são responsáveis pela gestão de áreas como:

- *Game art*, especialista em efeitos visuais, arte e *design* de modo geral.
- Game *sound*, especializado em trilha e efeitos sonoros.
- *Programming*, dedicado à programação específica para jogos.

O objetivo dos projetos de *design* de *games*, de maneira geral, é estimular os sentidos humano dos jogadores e manter sua concentração, com auxílio de efeitos sonoros e visuais, podendo esses mesmos conceitos ser aplicados em uma sala de aula, por exemplo, para manter a concentração dos alunos.

Aos profissionais de *level design*, recomenda-se o conhecimento de várias áreas e fundamentos, por exemplo, o conceito de *flow*; portanto, é importante que esse conceito seja bem fundamentado e sempre revisado.

O momento da imersão de um jogador com o *game* é um exemplo prático de *flow*, principalmente quando os jogadores passam horas com o objetivo de finalizar o jogo ou passar de fase. É esse estímulo que um *game* transmite e que pode ser utilizado na proporção de um aprendizado de maneira prazerosa.

Logicamente, para prender a atenção dos jogadores, a interatividade é muito importante, e é necessário que o jogador tenha ciência que as ações executadas no *game* terão consequências, sendo mais um fator de engajamento do jogador com o jogo. Podemos dividir a interatividade dos *games* da seguinte forma:

- **Quantitativo**: relacionado aos possíveis avanços tecnológicos, como a internet, que proporciona que os jogadores se conectem para interagir.
- **Qualitativo**: relacionado à variedade de *games* disponível no mercado, por exemplo, de esportes, automobilismos, luta e até educacionais.

Vale considerar que o uso de *joysticks* para *games* de consoles ou *mouse* para computadores ou *notebooks* possibilitam grande número de interações, e isso também se relaciona aos aspectos quantitativos. Já nos dispositivos móveis, como *tablets* e *smartphones*, as possibilidades de interação são através do *touch screen* (toque na tela) e pelos sensores de movimento, por exemplo.

Os dispositivos acoplados aos *smartphones*, como óculos de realidade virtual e *games* com sensores de movimentos, ampliam as possibilidades de interações. Sobre isso, Machado (2002, p. 147) afirma:

> A interatividade passa então a levar em consideração a possibilidade de imersão, navegação, exploração e conversação presentes nos suportes de comunicação em rede, privilegiando um visual enriquecido e "recorporalizado, em contraponto

a um visual retiniano (linear e sequencial), que recompõe uma outra hierarquia do sensível.

Já o engajamento refere-se ao poder que o *game* tem de envolver o jogador, o que pode ser observado pelo tempo que os jogadores se dedicam ao jogo e o número de vezes que retornam a ele. O engajamento também é uma característica dos usuários de aplicativos de trocas de mensagens. É fácil perceber que as pessoas o utilizam praticamente o dia todo. É exatamente essa atitude que se espera do aluno no caso de gamificação de conteúdos didáticos.

Outros atributos de engajamento que um *game* proporciona estão relacionados à competição, ao poder de mostrar o resultado de maneira pública, principalmente os *games on-line*, tornando-o um motivador para alcançar bons resultados. Porém, deve-se tomar cuidado ao se utilizar esses aspectos de engajamento na educação, para não desmotivar os alunos que não consigam obter resultados positivos, ou seja, passar de fase, pois cada aluno tem seu tempo, empregando, assim, os conceitos de *level design*.

O engajamento pode ser utilizado de modo colaborativo em *games*, facilitando decisões em grupo. Dessa forma, incentiva-se a colaboração entre os participantes, além de possibilitar a inserção de aspectos lúdicos que estimulam o cumprimento dos desafios apresentados, outro ponto relevante para a educação.

Observa-se que uma das primeiras ações dos alunos, quando uma atividade em equipe é proposta pelo professor, é a criação de um grupo nos aplicativos de mensagens para discutir sobre o trabalho, ou seja, é mais um exemplo de utilização desses aplicativos na educação, o que também pode ser adaptado na gamificação. Embora sejam bastante atrativos para os jogadores, os *games* podem ser considerados atividades complexas, pois apresentam vários desafios que precisam de atenção e prévio conhecimento dos jogadores, o que não difere muito do que é o objetivo de um professor em sala de aula, e os conceitos de *level design* podem ser um facilitador para esse relacionamento, entre o professor e aluno, intermediado por um jogo.

O mercado disponibiliza diversos *softwares*, permitindo a profissionais, como professores sem o conhecimento prévio de programação, que desenvolvam *games* pedagógicos, utilizando conceitos de *level design*. O GeoGebra é um exemplo de *software* criado com o objetivo de ser utilizado em sala de aula, cuja função é criar construções geométricas por meio de retas, segmentos de retas, pontos, polígonos etc. Nesse programa, é permitido incluir funções e fazer alterações de todos os objetos de maneira dinâmica, mesmo após a realização da construção. É um *software* prático, pois coordenadas e equações podem ser inseridas diretamente. Dessa forma, o GeoGebra permite lidar com diversas variáveis para pontos, raízes e números extremos de uma função, reunindo os principais recursos de geometria com outros mais destinados ao cálculo e à álgebra. Assim, a gamificação com esse *software* apresenta benefícios didáticos e de aprendizado de representação, ao mesmo tempo e em um único ambiente visual, das características algébricas e também das geométricas de um mesmo objeto.

De maneira geral, os *games* sempre fizeram parte da vida das pessoas, para diversos objetivos, desde o entretenimento até o aprendizado. Platão (427-348 a.C.) já apontava a relevância de "aprender brincando" (Platão, 1965), assim como Aristóteles (384-322 a.C.), que enfatizava que a educação das crianças careceria de ser através dos *games*, em que podem simular as atividades dos adultos (Cenci, 2012).

Os maias e os egípcios utilizavam *games* com o objetivo de ensinar normas, valores e padrões da vida social com os mais velhos, eles são exemplo do uso de jogos com objetivo pedagógico no decorrer da história. De maneira geral, diferentemente dos *games* comerciais, os pedagógicos têm como principal objetivo não ser apenas mais um mecanismo de entretenimento, mas auxiliar o estudante a compreender e a absorver o conhecimento de maneira lúdica, simples e natural.

O Scratch é outro *software* que pode ser utilizado na gamificação por meio dos recursos de programação visual. Ele permite inserir animações, criar narrativas, entre outros, resultando em um *game* pedagógico. É um programa com interface intuitiva, pois utiliza elementos gráficos que podem ser encaixados, como blocos, sendo bem similar ao jogo Lego®.

A aplicação do Scratch na gamificação estimula o aluno, pois tem resultados instantâneos, sendo necessário apenas clicar em um conjunto ou em um bloco individualmente, como se fossem construções de Lego®. E conforme se adiciona os blocos, aumentam e tomam forma até atingir o resultado esperado. Resnick (2012) aponta que o Scratch pode ser uma ferramenta de criação de animações e simulações no computador de casa, em que as crianças podem programar histórias interativas e jogos, assim como partilhar o jogo com uma comunidade *on-line*, como é feito, por exemplo, no YouTube.

5.1 Level design e GeoGebra

O GeoGebra dispõe de várias opções de *level design* e de criação de *games*, sendo um deles o modo de exame GeoGebra, que permite que os alunos utilizem os recursos dos programas na aplicação de testes (outrora executados no papel). Para os professores, o *software* disponibiliza recursos para restrição do acesso à internet, ou outro *software*, durante a aplicação dos testes. Esse modo de exame dispõe de vários recursos e vantagens, tais como:

- integração com o aplicativo GeoGebra Math;
- execução em dispositivo móvel sem quaisquer instalações adicionais;
- execução no modo de tela inteira, não permitindo espaço para outras informações serem exibidas na tela;
- não permite o acesso à internet, ao *site* GeoGebra ou a arquivos salvos no computador ou dispositivo móvel;
- bloqueia os aplicativos em dispositivos móveis;
- dispara um alerta visual facilmente detectável assim que o modo de exame é deixado sem permissão.

Os aplicativos GeoGebra são aprovados e usados em testes em todo o mundo em várias plataformas – *Web*; iOs; Android; Windows; Mac.

O objetivo é que os alunos se beneficiem do uso desse aplicativo tanto em sala de aula, durante os testes, quanto em casa, para as tarefas e, dessa forma, tenham o máximo de prática com o aplicativo. O modo de exame GeoGebra está adicionado em todos os aplicativos desenvolvidos em GeoGebra, e o modo de exame bloqueia dispositivos móveis para que os alunos não possam se comunicar ou usar qualquer outro aplicativo durante um teste, como já mencionamos. Caso os alunos estejam trabalhando em computadores, haverá um alerta visual assim que eles saírem do modo de exame de tela inteira. É um aplicativo já testado em campo e aprovado por vários ministérios da educação em diversos países.

O GeoGebra pode ser utilizado em dispositivos móveis com sistema operacional iOS e Android. Para acessar o modo de exame GeoGebra, basta iniciá-lo selecionando-o no menu do aplicativo. Para os professores, configura-se o modo de preparação para o exame; após selecionar o modo de exame, exibe-se uma caixa de diálogo que exige que se alterne para o modo avião e se desligue o Wi-Fi e o *bluetooth*. Posteriormente, deverá se confirmar o autobloqueio do aplicativo, o que garante que os demais dispositivos estejam bloqueados.

Quando se usar o modo de exame pela primeira vez, será solicitado o acesso à biblioteca de fotos do dispositivo. O GeoGebra solicita essa informação para permitir que se salve a captura de tela. Para iniciar um exame, uma caixa de diálogo denominada "Iniciar exame", depois disso, o dispositivo móvel é bloqueado no aplicativo GeoGebra e será desbloqueado quando o aplicativo terminar o modo de avaliação ou após 8 horas. Depois de selecionar "Iniciar", o cronômetro será iniciado e a cor do cabeçalho mudará de cinza para verde; cada exame começa com uma visão vazia. Durante o modo de exame, é permitido visualizar os detalhes do teste, a saber, a data e a hora de início, além de informações sobre o *status* do exame em duas opções: (i) OK; e (ii) alerta.

Os detalhes do exame são encontrados no menu do aplicativo, e, ao final de um teste, é permitido sair do modo de exame através do menu do aplicativo; após confirmada a decisão, selecionando "sair" na caixa de diálogo exibida, os detalhes do exame são exibidos automaticamente; uma captura de tela dessa caixa de diálogo também é salva automaticamente na biblioteca de fotos do dispositivo móvel, para visualização posterior. Nesse momento, o dispositivo móvel não está mais bloqueado para o aplicativo GeoGebra e poderá usar novamente com todas as suas funcionalidades. Mas é necessário encerrar o modo avião do dispositivo manualmente para voltar a ter acesso à rede.

No momento da execução de um exame, todas as funções são bloqueadas, por exemplo, não é possível desbloquear o aplicativo durante o modo de exame. Da mesma maneira, todas as teclas do dispositivo não funcionarão normalmente enquanto o aplicativo estiver bloqueado, no entanto, se alguém encontrar uma maneira de desbloqueá-lo, o professor receberá um alerta visual. A cor do cabeçalho muda para vermelho, além disso, o alerta também é mostrado nos detalhes do exame. É recomendado fazer testes para entender como funciona o modo de exame antes do dia do teste real, durante as aulas ou trabalhos de casa.

É importante saber que, ao sair do modo de tela inteira, será acionado o alerta "protocolo de emergência", bem como os procedimentos para a criação de "protocolos de emergência", destinados aos casos raros em que algum acidente ocorra durante um exame. Por exemplo, os alunos devem informar ao professor imediatamente se o alerta visual foi disparado acidentalmente ou se o dispositivo criou algum problema que interfira no exame. Trata-se de opções de níveis que podem ser configuradas. Ainda, recomenda-se que todos os alunos estejam ativos no modo de exame em seus dispositivos ao mesmo tempo, pois isso permite que:

- professor e alunos façam a personalização juntos, certificando-se de que todos estejam trabalhando com as mesmas configurações de exame;
- ninguém possa usar computador, *tablet* ou telefone celular para ações não autorizadas, como usar a internet ou algum *software*, antes de iniciar o exame;
- o professor verifique se algum aluno tentou trapacear saindo do modo de exame prematuramente, visitando *sites* não permitidos durante um exame e entrando novamente no modo de exame. Caso um aluno execute essa ação, será disponibilizada uma imagem de detalhes do exame com um horário de início posterior e menor duração, o que evidencia claramente que o aluno saiu da janela de exame sem permissão.

Depois de sair do modo de exame, os detalhes deste são exibidos automaticamente. Os professores podem fazer uma verificação rápida desses detalhes nas telas dos alunos e, quando são mostrados, eles podem ser salvos como uma imagem usando a janela que aparece em computadores e *chromebooks*. No caso de não salvar, os alunos podem facilmente fazer uma captura de tela dos detalhes do exame final. Os detalhes do exame salvos podem ser enviados ao professor, por exemplo, para quaisquer registros de ensino, sendo essas, entre outras, as opções de níveis que podem ser configuradas.

Além do modo exame, o GeoGebra dispõe de outros recursos, como o currículo ilustrativo de matemática, indicado para o segundo ciclo do ensino fundamental, desenvolvido pela empresa *Open Up Resources* e de autoria da *Illustrative Mathematics*, sendo 100% digitalmente acessível e interativo, que é outra solução de *level design* que apresenta opções para envolver ativamente os alunos em qualquer ambiente de aprendizagem, totalmente remoto, híbrido ou em sala de aula. Trata-se de uma opção de incentivo aos alunos que pode ser aplicada em situações de ensino remoto, como aconteceu durante a pandemia de Covid-19. Por meio do GeoGebra *classroom*, é possível monitorar o progresso de todos os alunos em tempo real, sem a necessidade de solicitar aos alunos que compartilhem suas telas. Por exemplo, o *design* de nível do currículo do sexto ano é divido em nove níveis, conforme apresentado a seguir.

1. Área e área de superfície
2. Apresentando proporções
3. Taxas unitárias e porcentagens
4. Dividindo frações
5. Aritmética na base dez
6. Expressões e equações
7. Números racionais
8. Conjuntos de dados e distribuições
9. Juntando tudo

Em cada nível, existem inúmeras subdivisões. Por exemplo, no nível 1, há 19 subdivisões; nos níveis 2, 3 e 4, há 17 subdivisões; no nível 5, há 15 subdivisões; no nível 6 e 7, há 19 subdivisões; no nível 8, há 18 subdivisões; e no 9 e último nível, há 6 subdivisões.

5.2 Scratch e *level design*

O Scratch permite a criação de programação de animação, jogos e histórias interativas que podem ser compartilhadas na comunidade *on-line*, ou seja, é uma ótima alternativa para estudantes e profissionais iniciantes colocarem em prática os conceitos de *level design*. O Scratch é um facilitador para os estudantes, pois proporciona o desenvolvimento do aprendizado, do pensamento criativo, do raciocínio sistemático e de atividades em grupo. Por esse motivo, é muito utilizado como *game* pedagógico, em que se pode propor diferentes níveis.

O Scratch 3.0 é a terceira versão e foi lançado em janeiro de 2019. Ele é um redesenho completo e reimplementação do Scratch escrito em HTML5 e JavaScript; apresenta aparência e *design* novos e modernos, corrigindo possíveis *bugs* no Scratch 2.0. É compatível com muitos dispositivos móveis, permitindo aos usuários criar a partir de uma ampla variedade de locais. Já o Scratch 3.0 não é compatível com o Internet Explorer e não requer Flash, porque foi desenvolvido prevendo o fim do suporte para Flash, que aconteceu em 31 de dezembro de 2020. É importante salientar que é apenas um exemplo; assim, recomenda-se sempre estar atualizado sobre as novas versões e das descontinuações. Para a criação de jogos e *level design,* são utilizados os blocos, que são formas de peças de quebra-cabeça usadas para criar código no Scratch. Os blocos se conectam verticalmente como um quebra-cabeça, criando formas como: chapéu; pilha; relator; booleano; tampa.

Esses blocos apresentam sua própria forma e um *slot* de formato especial para ser inserido, o que evita erros de sintaxe; uma série de blocos conectados é chamada de *scripts*. Os blocos são, em geral, mais fáceis de se trabalhar do que a programação baseada em códigos, pois não é preciso memorizar os comandos digitados. No entanto, a programação baseada em código é mais flexível, pois os blocos não podem ser editados facilmente, e um *hat block*, ou bloco chapéu, é um bloco que inicia um *script* quando ocorre um evento específico. Todos os blocos de chapéu são blocos de controle, blocos de eventos ou mais blocos; os *hat blocks* são úteis na programação baseada em eventos, e o bloco Stack (pilha) é um bloco retangular moldado para caber acima e abaixo de outros blocos.

Um bloco relator expõe um valor, de números a *strings*, ao contrário de um bloco de pilha, que altera algo no palco, reproduz um som, interrompe o *script* ou altera uma variável. Os blocos relatores não podem ser colocados diretamente acima ou abaixo de outro bloco, em vez disso, são colocados em um número, texto ou entrada suspensa. Então, quando o Scratch executa o bloco no qual o bloco relator foi descartado, ele primeiro executará o bloco relator para encontrar o valor da entrada. Os blocos relatores também podem ter entradas, que podem ser outros blocos relatores. Já os blocos booleanos são um tipo especial de bloco relator que informa tanto "verdadeiro" quanto "falso".

Para visualizar rapidamente o valor de um relator, basta clicar nele no editor e o Scratch exibirá o valor em uma pequena bolha. Como o relator bloqueia os valores do relatório, são projetados para caber no local no qual queira que um valor seja necessário, e isso pode ser em qualquer lugar: muitos blocos têm espaços (parâmetros) dentro deles ou menus suspensos capazes de inserir blocos relatores, sendo também uma ótima alternativa para inserir os conceitos de *level design*. Já um bloco booleano é hexagonal alongado e relata valores booleanos; quando o bloco é usado, atua como um bloco relator, relatando valores de *string* "verdadeiros" ou "falsos" ou os números "1" e "0", dependendo de seu uso em um *script*. Existem vários blocos booleanos, que podem ser encontrados nas categorias *sensing; operators*; *variables*.

Os blocos personalizados podem ter entradas booleanas e estar presentes em uma definição de bloco. O bloco de tampa é projetado para impedir que um bloco seja colocado sob ele, semelhante a um bloco de pilha, exceto pela saliência embaixo dele e a parte inferior plana. Existem dois blocos chapéu, ambos localizados na categoria Controle: (i) *Stop*: interrompe tudo, o *script* ou todos os outros *scripts* no *sprite*; caso os outros *scripts* no *sprite* sejam selecionados, se tornará um bloco de pilha; (ii) *Deletethisclone*: interrompe todos os *scripts* que o clone está executando e exclui o clone.

Há ainda o bloco *Forever*, que atua como um bloco de cobertura, pois não há saliência abaixo dele. É importante salientar que no Scratch existem dez categorias de blocos, também facilitadores para o *level design*:

1. Movimento
2. Aparências
3. Som
4. Evento
5. Controle
6. Detecção
7. Operadores
8. Variáveis
9. Lista
10. Meus blocos

Os blocos de movimento são uma categoria de blocos de rascunho, codificados pela cor azul-médio e são usados para controlar o movimento de um *sprite*, e disponíveis apenas para *sprites*.

Os blocos de aparência são identificados pela cor roxa e usados para controlar a aparência de um *sprite*. Já os blocos de som são uma das dez categorias de blocos de rascunho e identificam-se pela cor rosa/magenta, sendo usados para controlar funções de som. Os blocos de instrumentos podem ser vários, por exemplo: bateria; nota; pausa; tempo.

Originalmente tratava-se de blocos de som em versões anteriores do Scratch, mas foram colocados sob a extensão de música. Os blocos de eventos são identificados pela cor em amarelo claro, e sua principal função é detectar eventos que acionam a execução de *scripts*. Os blocos de eventos são essenciais para cada projeto; sem os blocos de chapéu dessa categoria, um projeto não poderia ter início, exceto executados *scripts* manualmente. Depois de receberem sua própria categoria, os blocos de eventos foram chamados de **triggers**. No visualizador experimental e nas primeiras versões do Scratch 2.0, também havia blocos de "cena", nos quais um *script* poderia desencadear uma nova cena para começar e *sprites* ou o palco. Poderiam responder à nova cena, no entanto, eram muito semelhantes aos blocos de transmissão e, provavelmente, foram removidos em razão da repetição e confusão.

Os blocos de controle são uma das nove categorias de blocos de rascunho, sendo identificados pela cor dourada e utilizados para controlar *scripts*; os blocos de detecção são da cor ciano e usados para detectar diferentes fatores de um projeto. Já os blocos de operadores são verde-claro e usados para desenvolver *scripts* de equações matemáticas e manuseio de *strings*, anteriormente intitulados como *numbers blocks*, mas foram renomeados graças aos novos blocos que manipulavam *strings*. Os blocos de variáveis são da cor laranja e os blocos de lista são identificados pela cor vermelho escuro, sendo uma subcategoria do grupo de blocos de variáveis, que são vermelho escuro e usados para manipular listas.

My blocks (meus blocos), conhecido também como *more blocks* no Scratch 2.0, contém procedimentos para o *sprite* selecionado e são identificados pela cor rosa, e, antes de qualquer bloco ser criado, ele está vazio, exceto por um botão *make a block* (criar um bloco). Quando se clica em *make a block*, abre-se uma caixa de diálogo que permite a criação de um procedimento. Uma vez que o OK é pressionado, o novo bloco aparece na paleta e uma definição vazia aparece na área de código. Quando o procedimento for executado, o Scratch executará os blocos abaixo do bloco denominado *definir*, os quais correspondem, além das variáveis, aos procedimentos de abstração usado na programação procedural, permitindo que os desenvolvedores que utilizam o Scratch escrevam *scripts* sem saber ou pensem sobre os detalhes do que cada *script* faz. Ele tem a mesma função para os blocos embutidos do Scratch, como por exemplo, quando deseja que um *sprite* desapareça e reapareça, sendo que, para desaparecer, o *sprite* deve tocar um som e aumentar repetidamente o efeito fantasma, por exemplo.

Os conceitos procedurais também podem ser aplicados na animação e consistem basicamente em modelos matemáticos implementados em linguagens de programação para simulação de forças físicas. As melhores aplicações desse tipo implementam soluções para a simulação da dinâmica de fluidos, movimento de roupas, cores e alguns animais. Na animação procedural, existem vários eixos de trabalho, como os que tentam reproduzir fenômenos físicos, por exemplo; são fundamentos importantes que podem ser aplicados com referência para o *level design*.

Os "meus blocos" apresentam opções de blocos personalizados que ajudam a reduzir o tamanho do arquivo do projeto, permitindo que o usuário desative a atualização da tela, entradas de número, *string*; booleanas podem ser adicionadas a blocos personalizados. Por exemplo, pode-se criar um bloco com uma entrada de "altura" e aparecerá no bloco definir. Esses blocos podem ser arrastados e usados na definição da mesma forma que as variáveis *jump* e *height*.

Utilizar blocos personalizados é a única maneira de executar *scripts* sem atualizar a tela. A atualização da tela é o tempo de espera ao final de cada interação, ou seja, é o ato de repetir um bloco de *loop* ou quando um bloco que espera é usado. A caixa de diálogo *make a block* oferece a opção de desabilitar a atualização da tela; pois, por padrão, ela está habilitada. Esse procedimento pode tornar menos óbvio o que está acontecendo, mas é útil se alguém quiser fazer alterações sem que o usuário veja as etapas intermediárias ou espere muito tempo. Por exemplo, se alguém usa um *script* com um bloco personalizado com um rótulo informando % b ou % n for colocado. Definido como booleano ou número/texto, ele desloca o bloco e o altera para booleano para % b ou número/texto para % n, caso aconteçam quaisquer outras situações após a porcentagem, ou se o texto do rótulo for clicado ou não for clicado, o texto do bloco parecerá simplesmente desaparecer. Se a paleta de blocos for rolada para cima depois disso, os blocos serão agrupados, caso aconteça algum problema, mas, na maioria dos casos, são simples.

Os blocos personalizados podem ser contornados usando *broadcasts* e variáveis.

Além das características técnicas no *level design*, as visuais também são importantes; os blocos de chapéu, por exemplo, iniciam cada *script* e têm a forma de uma parte superior arredondada e uma saliência na parte inferior. Assim, só é possível colocar blocos abaixo deles, ou seja, o nível que são permitidos. Existem vários blocos de chapéu no editor Scratch, que são divididos da seguinte maneira:

- seis na categoria eventos;
- um na categoria controle;
- um na categoria "meus blocos", caso tenha criado um bloco personalizado.

Os blocos de pilha são os que executam os comandos principais. Têm o formato de um entalhe na parte superior e uma saliência na parte inferior, para que os blocos possam ser colocados acima e abaixo deles; e existem inúmeros blocos de pilha, mas é a forma de bloco mais comum. Os blocos booleanos são as condições, se são verdadeiros ou falsos. Por exemplo, perguntando a um computador: "2 + 2 = 4?", a resposta será com as opções de "verdadeiro" ou "falso"; seu formato é hexagonal. Já os blocos relatores são os valores, e podem conter números e *strings*; é como perguntar a um amigo, por exemplo, "o que é 2 + 2?", a resposta seria "4", também pode relatar uma variável. No exemplo "qual é a sua idade?", a resposta pode ser: "22". Sua forma é com bordas arredondadas, e existem vários desses blocos, sem contar a quantidade teoricamente infinita de blocos relator que podem ser feitos para cada variável e lista.

Os blocos C são blocos assumem a forma de "Cs" e também são conhecidos como "blocos de embrulho". Esses blocos fazem um *loop* nos blocos dentro do Cs ou verificam se uma condição é verdadeira. Existem cinco blocos C e podem ser encontrados na categoria Controle. Já os blocos de capitalização são os blocos que encerram os *scripts*. Eles têm o formato de um entalhe na parte superior e uma parte inferior plana, assim, não é possível inserir nenhum bloco abaixo deles, sendo outro exemplo prático e visual de *level design*.

Os blocos de movimento controlam o movimento de um *sprite*, e existem na versão do Scratch 3.0 quinze blocos de movimento, também conhecidos como *motion stack*, identificados na lista a seguir:

- *Move steps*: move o *sprite* para a frente no número de passos na direção em que o *sprite* está voltado.
- *Turn degrees*: gira o *sprite* no sentido horário na quantidade especificada.
- *Turn degrees*: gira o *sprite* no sentido anti-horário na quantidade especificada.
- *Point in direction*: aponta o *sprite* na direção.
- *Point towards*: aponta o *sprite* para o ponteiro do *mouse* ou outro *sprite*.
- *Go to* x: y: move o *sprite* para a posição X e Y especificada.
- *Go to*: move o *sprite* para o ponteiro do *mouse*, uma posição aleatória ou outro *sprite*.
- *Glide secs to* x: y: desliza o *sprite* até o local, levando o tempo que for especificado.

- *Glide secs to*: desliza o *sprite* para o ponteiro do *mouse*, uma posição aleatória ou outro *sprite*, levando o tempo especificado.
- *Change x by*: altera a posição X do *sprite* pela quantidade.
- *Set x to*: define a posição X do *sprite* para o valor especificado.
- *Change y by*: altera a posição Y do *sprite* pelo valor especificado.
- *Set y to*: define a posição Y do *sprite* para a quantidade.
- *If on edge, bounce*: caso toque na borda da tela, a direção do *sprite* muda.
- *Set rotation style*: define o estilo de rotação de um *sprite*.

Os blocos específicos na versão Scratch 3.0 Motion Reporter (relator de movimento) são três:

1. Xposition: posição X do *sprite*.
2. Yposition: posição Y do *sprite*.
3. Direction: direção do *sprite*.

Já os blocos de aparência controlam a aparência de um *sprite*, e, na versão do Scratch 3.0, disponibilizam uma série de blocos *looks stack*, com as características apontadas a seguir:

- *Say for seconds*: balão de fala aparece sobre o *sprite* e permanece pelo período especificado.
- *Say*: balão de fala aparecerá sobre o *sprite* e não desaparecerá com o tempo.
- *Think for seconds*: balão de pensamento aparece sobre o *sprite* e permanece pelo período especificado.
- *Think*: balão de pensamento aparece sobre o *sprite* e não vai embora com o tempo.
- *Show*: mostra o *sprite*.

- *Hide*: esconde o *sprite*.
- *Switch costume to* e *switch backdrop to*: altera o *sprite*, estágio, plano de fundo para o especificado.
- *Switch backdrop to and wait*: como o bloco *Switch to Backdrop*, aguarda até que todos os blocos de chapéu acionados por ele sejam concluídos apenas no estágio, ou seja, na fase.
- *Next costume* e *next backdrop to*: muda a fantasia, cenário do *sprite*, palco para o próximo na lista.
- *Next backdrop change effect by*: altera o efeito especificado pela quantidade.
- *Set effect to:* define o efeito especificado para a quantidade.
- *Clear graphic effects*: limpa todos os efeitos gráficos no *sprite*.
- *Change size by:* altera o tamanho do *sprite* pela quantidade.
- *Set size to %*: define o tamanho do *sprite* para a quantidade.
- *Go to layer*: coloca um *sprite* para frente ou atrás.
- *Go layers:* altera o valor da camada do *sprite* pela quantidade.

As ferramentas e as informações aqui apresentadas o qualificam para construir vários projetos de *level design,* com o desenvolvimento de programação de animações, jogos, histórias interativas, sem a necessidade de conhecimentos técnicos de programação. Sendo assim, é um grande facilitador para profissionais iniciantes e estudantes. Além desses blocos mencionados, existem outros com recursos avançados que serão abordados no próximo tópico.

5.3 *Level design* avançado com Scratch

Os blocos de som, eventos, controle, detecção, operadores, variáveis, lista, meus blocos e extensões aprimoram o desenvolvimento de um projeto de *level design*. Com relação aos blocos de som, existem inúmeros, e um deles é o *start sound*, que reproduz um som sem interromper o *script*, o *play sound until done*, cuja função é tocar um som e pausar o *script* até que ele termine. Já o *stop all sounds*, para todos os sons de reprodução, e o *change change pitch effect by* modifica o som para reproduzir o lado esquerdo ou direito. Já o *clear sound effects* tem a função de limpar quaisquer efeitos sonoros atualmente em vigor, além do bloco de *Sound Reporter*, denominado *volume*, que altera o volume propriamente dito.

Os blocos de eventos, ou *event hat blocks*, são blocos que controlam eventos e o disparo de *scripts*. Existem inúmeros, cada um com suas características, que veremos a seguir:

- *When clicked*: quando a bandeira é clicada, o *script* é ativado.
- *When key pressed:* quando a tecla especificada é pressionada, o *script* é ativado; o evento só será acionado novamente após o lançamento do evento.
- *When this sprite clicked*: quando o *sprite* é clicado, o *script* é ativado.
- *When backdrop switches to*: quando o cenário muda para o escolhido, o *script* é ativado.
- *When >*: quando o primeiro valor é maior que o segundo valor, o *script* é ativado.

- *When I receive*: quando a transmissão é recebida, o *script* é ativado.
- *Broadcast*: envia uma transmissão por todo o programa Scratch, ativando os blocos.
- *Broadcast and wait*: o bloco *Broadcast* () pausa o *script* até que todos os *scripts* ativados pela transmissão sejam concluídos.

Os blocos de controle, ou *control hat*, são os blocos que controlam os *scripts* e podem ser utilizados como ferramentas de aprimoramento de *level design*, cada um com suas particularidades, como o denominado *when I start as a clone*, que funciona apenas em *sprites*. Trata-se de um bloco de chapéu que é acionado sempre que um clone é criado e só será executado por esse clone. Outro bloco disponível é o *wait seconds*, cuja função é pausar o *script* pelo período de tempo, e o *wait until*, cujo atributo é pausar o *script* até que a condição seja verdadeira. Já o bloco *create clone of* cria o clone especificado. O Scratch 3.0 tem cinco blocos de Controle C com as seguintes características:

- *Repeat*: um *loop* que se repete conforme o número especificado de vezes.
- *Forever*: um *loop* que nunca termina, a menos que o sinal de parada seja pressionado.
- *If then*: se a condição for verdadeira, os blocos dentro dela serão ativados.
- *If then else*: se a condição for verdadeira, os blocos dentro do primeiro C serão ativados, e se a condição for falsa, os blocos dentro do segundo C serão ativados.
- *Repeat until*: *loop* que vai parar quando a condição for verdadeira.

Já nos blocos de tampa de controle, disponíveis no Scratch 3.0, também existe variedade, como o de *stop*, que interrompe os *scripts* escolhidos no menu suspenso; também pode ser um bloco de pilha quando "outros *scripts* neste *sprite*" for escolhido. Há ainda o *delete this clone*, que é funcional apenas para *sprites* e executa a ação de excluir um clone. Os blocos de detecção, ou *sensing stac*, como o próprio nome diz, detectam as situações, as ocorrências, cada um com suas características, conforme apontando no quadro a seguir, que também mostra os blocos booleanos de detecção.

Quadro 5.1 - **Blocos de detecção e booleanos de detecção**

Nome do bloco	Característica
Ask and wait	Uma caixa de entrada aparece; basta digitar o valor e ele armazena o valor na variável.
Answer reset timer	Zera o cronômetro.
Set drag mode	Define o *sprite* como arrastável ou não arrastável.
Touching?	A condição para verificar se o *sprite* está tocando o ponteiro do *mouse* ou outro *sprite*.
Touching color?	A condição para verificar se o *sprite* está tocando uma cor específica.
Color is touching?	A condição para verificar se uma cor no *sprite* está tocando em uma cor específica.
Key pressed?	A condição para verificar se a tecla especificada está sendo pressionada.
Mouse down?	A condição para verificar se o *mouse* está pressionado.

Além dos blocos de detecção e booleanos de detecção, o Scratch 3.0 dispõe de blocos denominados *Sensing Reporter*, uma ótima opção para aplicar nos projetos de *level design*, como descrito a seguir:

- *Distance to*: a distância do *sprite* até o ponteiro do *mouse* ou outro *sprite*.

- *Answer*: a entrada mais recente com o bloco *Ask* () *And Wait*.
- *Mouse* x: a posição X do ponteiro do *mouse*.
- *Mouse* y: a posição Y do ponteiro do *mouse*.
- *Loudness*: quão alto é o ruído que o microfone está detectando.
- *Timer*: a duração do tempo que se passou desde que o programa Scratch foi aberto ou o cronômetro zerado.
- *Of*: a posição X, posição Y, direção, tamanho ou volume do palco ou de um *sprite*.
- *Current*: a unidade de tempo especificada selecionada.
- *Days since* 2000: o número de dias desde o ano 2000.
- *Username*: o nome de usuário de um usuário.

Os blocos de operadores executam funções matemáticas e de manuseio de *strings*. O Scratch 3.0 dispõe de blocos booleanos de sete operadores, como <, a condição para verificar se um valor é menor que o outro; =, a condição para verificar se dois valores são iguais; >, a condição para verificar se um valor é maior que o outro; *and,* se verdadeiro se ambas as condições forem verdadeiras; *or,* verdadeiro se qualquer uma das condições for verdadeira. Já a *not* faz com que a condição seja verificada se for falsa, não verdadeira, ou verdadeira, não falsa; *contains* ? ainda existe a função que verifica se o texto do primeiro parâmetro contém o texto do segundo parâmetro, se contiver, o bloco retorna verdadeiro. Os operadores *reporter* (relator) disponíveis no Scratch 3.0 são os seguintes:

- + : valor da adição.
- − : valor da subtração.
- * : valor da multiplicação.
- /: valor da divisão.

- *pick random to*: escolhe um número aleatório entre os dois limites.
- *join*: os dois valores colocados um ao lado do outro.
- *letter of*: o caractere especificado do valor.
- *length of*: o comprimento do valor.
- *mod*: o resto da divisão.
- *round*: arredonda o valor para o número inteiro mais próximo.
- *abs of*:
    » o valor absoluto: *abs*.
    » raiz quadrada: *sqrt*.
    » seno: *sin*.
    » cosseno: *cos*.
    » tangente: *tan*aseno: *asin*acosina: açosatangente: *atan*.
    » logaritmo natural: ln.
    » logaritmo: *log*.
    » função exponencial: e ^.
    » função exponencial de base 10: 10 ^ de um valor especificado.

Além de todas essas especificações, ao clicar com o botão direito em alguns dos blocos, produzirá mais opções de seu tipo. Os blocos de variáveis contêm variáveis e listas, sendo os blocos de pilha de variáveis: *set to, change by, show variable, hide variable*. A *set to* tem a função de definir a variável especificada para o valor; a *change by* altera a variável especificada pelo valor; a *show variable* mostra o *Stage Monitor* da variável; e a *hide variable* oculta o *Stage Monitor* da variável. Já os blocos de lista gerenciam listas e estão localizados na categoria Variáveis, não sendo encontrados na barra à esquerda. O quadro a seguir apresenta os blocos de lista no Scratch 3.0, com suas características.

Quadro 5.2 - **Blocos de lista**

Bloco	Característica
Add to	Adiciona um item à lista (o item vai para o final da lista de itens) com o conteúdo especificado nele.
Delete of	Exclui o item da lista.
Delete all of	Exclui todos os itens da lista.
Insert at of	Adiciona um item à lista (o item vai para onde você especificar na lista de itens) com o conteúdo especificado nele.
Replace item of with	Substitui o conteúdo do item pelo conteúdo especificado.
Show list	Mostra uma lista.
Hide list	Esconde uma lista.

Já os "meus blocos", ou *my blocks*, são blocos personalizados feitos pelo usuário. Existem dois tipos únicos no Scratch 3.0. O primeiro é o *define custom block*, que define um bloco personalizado, e o segundo o *custom block*, um bloco personalizado. Além dos blocos, uma funcionalidade importante de *level design* são as várias extensões que podem ser adicionadas à lista de bloqueios, e, para escolher uma extensão, basta pressionar o botão azul abaixo das seções regulares do bloco. Uma delas é a extensão de música, e o Scratch 3.0 tem vários blocos de pilha de música, conforme apresentado na lista a seguir.

- *Play drum for* 0.25 *beats*: toca o som de bateria especificado para o número especificado de batidas.
- *Rest for beats*: pausa o som nesse *script* por um número determinado de batidas.
- *Play note for beats*: toca a nota especificada (A, B, ... G) para o número especificado de batidas.
- *Set instrument to*: define o instrumento.

- *Set time to*: define o tempo para a quantidade especificada.
- *Change time by*: muda o tempo por um valor especificado, mais rápido ou mais lento.
- *Time*: informa o tempo atual.

A extensão caneta é outro destaque no *level design*, por ser uma extensão do Scratch 3.0 que permite que os *sprites* controlem suas canetas, assim como carimbem no palco e removam todas as marcas de caneta.

Antes do Scratch 3.0, esses blocos não eram uma extensão e estavam localizados em uma categoria chamada *Blocos de Canetas*. Para usá-los, devem estar habilitados na seção "Extensões" do editor. Os blocos mais antigos são mantidos, mas ocultos, e são úteis ao se criar um projeto de *script* de um *sprite*, permitindo que se executem várias ações, como carimbar o *sprite*, abaixar a caneta, soltar a caneta.

Um exemplo de projeto de *sprite* comum é um programa de desenho simples. Os blocos de caneta também podem ser usados para fazer jogos e simulações, entre outros projetos de *level design*. Cada um tem suas especificidades, e um exemplo é o bloco *Stamp*, que, quando usado em um *script*, produz uma imagem *bitmap* de si mesmo, a qual será estampada no palco. Por ser meramente uma imagem do *sprite*, e não um *sprite* em si, ela não pode ser programada, como outros blocos *Pen*. O bloco *Stamp* não será desenhado sobre *sprites*, pois tem a função de apagar tudo e remover todas as imagens carimbadas.

O bloco *Erase All* (apagar tudo) é um bloco de pilha e um bloco de caneta. Ele remove todas as marcas feitas pela caneta ou pelo carimbo e é o único bloco de caneta que o palco pode usar. O *Pend*

Down, caneta para baixo tem a função de fazer com que o *sprite* continuamente trace uma trilha para o local que deseja que ele se mova. Até que o bloco *Pen Up* seja usado, a cor, o tamanho e a transparência da trilha podem ser alteradas com outros blocos.

O bloco *Pen Up* é um bloco caneta e um bloco de pilha. Caso um *sprite* esteja usando a caneta atualmente por causa do bloco *Pen Down*, o bloqueio fará com que o *sprite* pare de desenhar uma trilha, caso contrário não terá efeito. Esse bloco é necessário apenas para uma pequena quantidade de situações, mas pode ser muito eficaz. Seu principal uso é elevar a caneta do *sprite* em *scripts*. Já o que recebe o nome de *Set Pen* () *to* () *block* é um bloco de extensão de caneta e um bloco *Stack* que está no Scratch 3.0. Esse bloco define a cor, a saturação e o brilho, também conhecido como tom e transparência da caneta. O primeiro valor pode ser selecionado entre "cor" (padrão), "saturação", "brilho" e "transparência".

É importante salientar que as informações e os exemplos aqui apresentados são conceitos dos *softwares* Geogeobra e Scratch, que, com criatividade, podem ser utilizados para apresentar soluções de *level design*. De acordo com as atualizações, algumas funções podem ser alteradas, mas os fundamentos continuam os mesmos, sendo uma ótima opção para profissionais iniciantes e estudantes criarem projetos de *level design* sem ter a necessidade de conhecimentos de programação.

SÍNTESE

Neste capítulo, abordamos algumas técnicas de gamificação de conteúdos didáticos que podem ser utilizadas na educação. Para o desenvolvimento de *games* pedagógicos, apresentamos o GeoGebra, *software* acessível a profissionais sem conhecimento prévio em programação. Já para a prática de conceitos relativos ao *level design*, utilizamos o *software* Scratch, que permite a programação de animação e a criação de histórias interativas.

Gorodenkoff/Shutterstock

CAPÍTULO 6

DESENVOLVIMENTO DE AMBIENTES

Os projetos de *games* mais complexos ou estruturados tendem a exigir uma quantidade maior de profissionais e equipes multidisciplinares em que os integrantes sejam especialistas em sua área de atuação, técnica, artística ou de *design*. Ainda, uma das funções está relacionada ao *design* de ambientes para jogos, desempenhada por *environment artists*, profissionais com *expertise* na modelagem de ambientes em três dimensões. Esses profissionais caracterizam-se por serem multidisciplinares e detentores não apenas de conhecimento técnico da área de modelagem e animação, mas também de arte e *design* com foco ao *level design*.

6.1 *Design* de ambientes para os jogos

Para entender o *design* de ambientes para jogos, é importante conhecer o contexto histórico relacionado à evolução dos computadores, pois trata-se de um dos primeiros ambientes em que o *design* foi aplicado, evoluindo depois para os jogos. Os primeiros computadores surgiram em 1946 e houve grandes avanços tecnológicos no fim do século XX, quando, a fim de melhorar sua compreensão, foi preciso que as informações passassem a ser representadas em telas de monitores. Era necessário obter uma solução mais visual para os usuários que utilizam os computadores. Assim, as primeiras soluções surgiram dos estudos da computação gráfica em duas dimensões (2D) – bidimensional –, o que resultou em monitores com representação visual em 2D.

Os avanços dos estudos da computação gráfica em 2D resultaram em soluções com tridimensionalidade (3D), o que potencializou as possibilidades de representação das informações, gerando características mais realísticas. Tendo em vista que anteriormente os jogos tinham representação apenas em duas dimensões, com gráficos mais restritos que limitavam as mecânicas dos jogos, o mercado do *level design* utilizou-se desses avanços, bem como do aumento do poder de processamento e armazenamento dos computadores, e otimizou a possibilidade dos lançamentos dos jogos de duas para em três dimensões, com novas mecânicas de jogos e desenvolvimento deles com nível de realismo maior (Perucia, 2005).

O uso da tecnologia 3D nos jogos gerou a necessidade de integrar à equipe de desenvolvimento profissionais capacitados para a criação dos elementos em 3D, chamados de *assets* ou modelos tridimensionais. Esses profissionais se dedicam ao desenvolvimento da modelagem de elementos dos jogos e, conforme a complexidade e consequentemente a qualidade dos jogos aumentaram, surgiu a necessidade de profissionais especialistas em determinadas áreas da modelagem, por exemplo, a de cenários. Estes, pelo fato de ambientarem os jogos e em razão de avanços tecnológicos proporcionados pelos recursos da tridimensionalidade, passaram a ter grande importância para definição dos estilos dos jogos, permitindo aos jogadores a exploração e a interação com todos os elementos existentes no ambiente virtual dos jogos de maneira livre, não linear como eram os jogos em 2D, de mecânica simples.

A liberdade que é proposta nos ambientes dos jogos tridimensionais permite que o jogador possa traçar seu caminho, tomando suas decisões, o que é um recurso fundamental para a jogabilidade. O *design* de ambientes para jogos cria o cenário ou local em que o jogo se passa, por isso, contém os componentes para ambientar e fazer com que o jogador entenda melhor a narrativa. Sendo assim, deve ser composto por elementos – objetos, mobiliários, vegetação etc. – que tenham texturas, cores e mobiliários, detalhes, estilos.

Os ambientes para jogos são conhecidos como cenários virtuais. Para compreender de maneira mais fácil, é possível fazer a comparação com uma fotografia de uma cena qualquer, que pode ser de teatro, televisão ou de um filme. Para tirar uma fotografia, a primeira ação que deve ser executada é a de colocar a câmera na posição e no ângulo para capturar a imagem desejada. Para obter mais qualidade, é recomendável o uso de tripé. É possível utilizar diversas lentes que **proporcionam diferentes vistas do cenário, por exemplo, uma lente** grande angular, uso e regulação do *zoom*, entre outros. Da mesma maneira, em um ambiente virtual, há o posicionamento dos objetos e as configurações das diversas lentes.

No *design* de ambientes para jogos, diferentemente de uma fotografia, que é estática, é possível alterar a visualização do avatar do jogador de acordo com a cena. Como padrão, o posicionamento é nas coordenadas 0,0,0, nos eixos X, Y e Z. Assim, o olhar do avatar do jogador que pode ser direcionado para o centro da cena e para a coordenada de 0,0,0 nos eixos X, Y e Z. Para transmitir mais naturalidade em um jogo, o jogador é afastado da cena para poder visualizar de modo completo o ambiente, como vemos na figura a seguir.

Figura 6.1 - **Esquema de alteração de visão do jogador em relação ao ambiente cena**

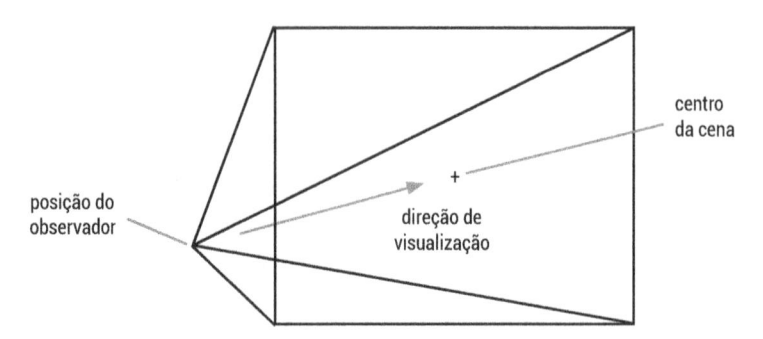

[Diagrama: pirâmide de visualização com "posição do observador" à esquerda, "direção de visualização" ao centro e "centro da cena" à direita]

Os *softwares* de modelagem e animação em 3D dispõem de vários recursos, como o que permite, além da opção padrão de mover o avatar do jogador, modificar o direcionamento da visualização, conforme foi ilustrado na Figura 6.1. Para ser considerado um cenário em 3D, é necessário haver outros elementos além do objeto ou personagem modelado do jogo. No mínimo, é preciso ter um ponto de iluminação e ser configurada uma visão do avatar do jogador em relação à câmera. Usando como exemplo o *software* Blender para inserir pontos de iluminação, deve-se entrar no menu *Add*, depois selecionar a opção *Lamp*. No exemplo da Figura 6.2, foi escolhida a lâmpada tipo *spot*.

Figura 6.2 – **Exemplo de composição de cenário (à esquerda) e visualização pelo observador – avatar do jogador (à direita)**

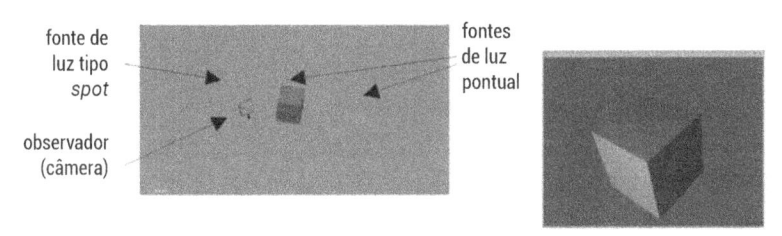

fonte de luz tipo *spot*

observador (câmera)

fontes de luz pontual

Esse cenário é formado por um cubo, em que foram inseridas três lâmpadas no formato *spot*, e à direita temos uma representação de como essa cena é visualizada a partir de uma câmera. Como não foram inseridas cores nem texturas, a iluminação foi representada em tons de cinza para melhor compreensão. As fontes de luz são fundamentais no *design* de ambientes para jogos e transmitem a sensação de realismo, pois tentam imitar aspectos da iluminação. Por exemplo: a refração ou as características dos objetos que refletem é o que também proporciona o realismo de um bom *design* de ambientes para jogos, embora às vezes seja pouco perceptível no cotidiano.

A refração se refere à mudança da direção de uma onda que se propaga em determinado objeto. No caso do *design* de ambiente para jogos, está relacionada à onda da luz. Um exemplo prático é observar os objetos que estão ao seu redor com mais atenção, você notará como a influência da luz altera sua percepção. Esse aspecto deve ser considerado no *design* de ambiente para jogos.

As fontes de luz que formam a iluminação do *design* de ambiente para jogos sofrem influências das características e do modo que foram aplicados os materiais nos objetos ou personagens modelados. Por exemplo, a aplicação de textura em uma calça jeans. Se for um elemento com brilho, translúcido como um vidro, ou reflexivo como um espelho, caso não seja inserida nenhuma textura ou cor em um objeto modelado, ou nenhuma fonte de luz, quando é visualizado, o objeto ficará totalmente sem iluminação, como apresentado na figura a seguir.

Figura 6.3 – **Exemplo de uma figura geométrica sem iluminação (à esquerda) e com iluminação (à direita)**

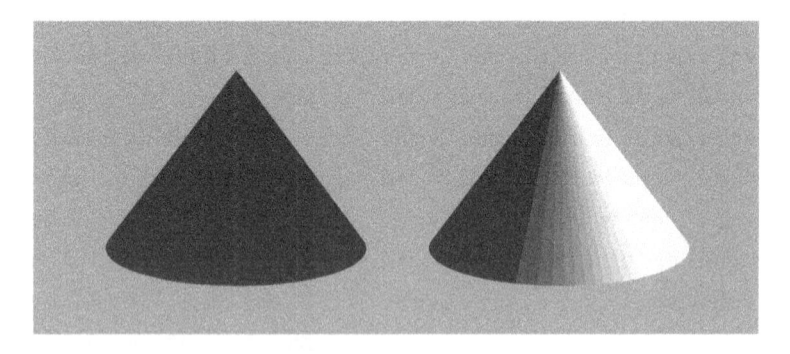

A iluminação, como as fontes de luz, pode ser definida pelos seguintes elementos: ambiente, difusa e especular. O ambiente refere-se à luz propagada no ambiente de modo que não seja capaz de definir sua direção. A característica "difusa" trata-se de uma fonte de luz de somente uma direção, que alcança uma superfície e se reflete por todas as direções. "Especular" é o aspecto que se relaciona à luz que é apontada somente em uma direção, mas se difere por ter uma tendência a refletir em uma única direção.

O funcionamento do *design* de ambiente para jogos depende de todos os aspectos que compõem uma cena, mas, especialmente, dos elementos relacionados à iluminação e à visualização das câmeras, pois são fundamentais para transmitir realismo. Assim, é preciso se preocupar com as texturas e as cores que foram aplicadas em objetos e personagens, pois todos esses aspectos influenciam o produto final de *level design,* dando-lhe qualidade profissional.

Para a construção de um cenário, é necessário que todos os elementos que compõem o primeiro plano de todas as cenas estejam modelados e, para alcançar um nível de realidade maior, o ideal é que todos os elementos sejam modelados em 3D.

Os componentes do primeiro plano geralmente são aqueles com os quais os personagens interagem, por isso estão mais próximos do ambiente que a câmera mostra. As imagens de segundo plano, plano de fundo ou *background,* não necessariamente precisam ser modeladas; por exemplo, em uma cena que haja uma janela aberta no fundo, com uma vista para outros prédios, ou uma paisagem que não esteja tão próxima da cena principal, pode ser inserida uma imagem ou fotografia com uma boa qualidade que represente esse ambiente. Antes de iniciar a construção de um cenário, o ideal é que todos os elementos estejam modelados, principalmente os que fazem parte do primeiro plano da cena do ambiente. No caso de utilização de um plano de fundo, é recomendável que a imagem esteja separada.

Com todos os objetos e os personagens modelados separadamente, no mesmo arquivo ou por categorias, o método de organização pode variar de acordo com o profissional ou a metodologia adotada pela produtora de animação de *level design*. Com todos os elementos prontos, o passo seguinte é iniciar o preparo de um cenário. Para exemplificar de maneira prática, utilizaremos o *software* Maya como referência, mas os conceitos principais podem ser empregados em diversos *softwares* de desenvolvimento de modelagem e animação 3D. No Maya, primeiramente, é necessário criar um projeto novo, depois é importante organizar todos os arquivos que vão compor o cenário, verificar se não estão separados em vários locais diferentes.

É importante que todos os arquivos externos que foram utilizados em uma modelagem, como a importação de texturas inseridas nas superfícies dos objetos, estejam em uma mesma pasta, preferencialmente na mesma em que está salvo o arquivo da modelagem, para que, no momento de inserção no projeto e na hora da finalização, todos os arquivos sejam encontrados. Vale ressaltar que cada elemento, com todos esses arquivos, é chamado de *ativo*. Essa organização é importante para criar uma definição de montagem que facilite a visualização de cada objeto ao ser inserido no cenário.

No *software* Maya, para criar uma definição de montagem, deve-se abrir o arquivo modelado, depois ir ao menu *Select Create*, selecionar *Scene Assembly* e escolher a opção *Create Assembly Definition*, que abrirá uma caixa de diálogo de opções de definição de montagem, depois é só definir as opções desejadas e clicar em *Create*. Assim, vai ser adicionado um nó de definição de montagem que facilitará o posicionamento do objeto quando for importado para o cenário. É importante salientar que o arquivo de definição de montagem tem a mesma extensão do arquivo do cenário que será montado, por isso, é recomendável salvar esse arquivo e, no final do nome, utilizar *underline* seguido das letras D e M, indicando que é um arquivo de definição de montagem, como o exemplo: _dm, ou utilizar o método de organização que considerar melhor, sempre lembrando que alguns cenários podem ter grande quantidade de objetos no qual a organização é fundamental.

No momento da modelagem, é importante utilizar referências para orientação e para melhorar a precisão da modelagem. Dependendo da técnica, existem referências específicas, como na modelagem por *Box Modeling*, a referência são os *blueprints*. Na modelagem utilizando a técnica *Poly by Poly*, polígono por polígono, o profissional de modelagem precisa ter conhecimentos técnicos de topologia e pode utilizar desenho técnico dessa área como referência. Na construção de cenários, também é relevante utilizar referências. Dessa forma, o uso de referências em toda etapa de desenvolvimento faz-se necessário, a não ser em casos específicos de criação de projetos totalmente autoral de cunho experimental.

Para utilizar uma referência no Maya, é necessário o seguinte procedimento: primeiro ir ao menu *Select Create*, depois selecionar *Scene Assembly* e escolher a opção *Create Assembly Reference*. Vai abrir uma janela para definir o arquivo de referência, localize o arquivo e ele servirá como uma referência para montar o cenário. O *software* Maya dispõe de vários outros recursos que otimizam a construção de cenários, principalmente para cenários grandes, complexos e com grande quantidade de objetos e elementos.

6.2 Desenvolvimento de *design* de ambientes para os jogos

Para desenvolver um cenário, depois de modelados todos os objetos, a primeira ação é inserir iluminação; depois, aplicar os materiais e, posteriormente, objetos, caso tenham sido modelados em arquivos diferentes do cenário. Contudo, se no arquivo houver simplesmente os objetos modelados, só haverá as formas em três dimensões, e não um cenário, como apresentado na figura a seguir.

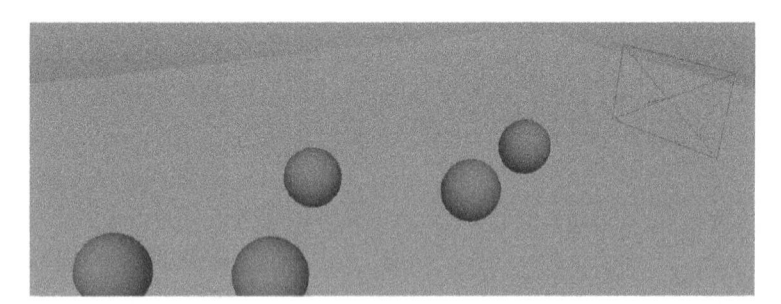

Figura 6.4 – **Cenário com objetos modelados e uma fonte de luz**

É preciso atentar à iluminação do cenário, não se recomenda finalizar uma cena através da renderização sem antes configurar minuciosamente todas as opções de pontos de luz, detalhando corretamente todos os seus parâmetros.

Figura 6.5 – **Cenário com objetos modelados e somente com uma fonte de luz configurada**

Se a iluminação do cenário não for configurada corretamente, só é possível visualizar os objetos no ambiente da edição do *software* de modelagem 3D, e quando é renderizado, o resultado é uma imagem totalmente escura. Nos *softwares* de modelagem e animação em 3D, existem inúmeras possibilidades de configuração de iluminação de um cenário que pode alcançar o mesmo resultado. Como exemplo, apresentaremos configurações a partir do *software* Maya; uma das opções para trabalhar iluminação, conforme mostrado na Figura 6.5, é com a correção do gama pelo controle de exposição de luz, na ferramenta de câmera que pode ser acessada no ícone (Figura 6.6) que abre a caixa de diálogo *Attribute Editor*.

Figura 6.6 – **À esquerda, ícone que abre o *Atribute Editor*; à direita, destaque para o *Lens Shader***

A correção da iluminação é realizada pela configuração *Lens Shader* da câmera, como destacado na Figura 6.6. Há várias possibilidades de se alterar os parâmetros, para isso, clique no ícone ao lado do *Lens Shader*, conforme vemos na Figura 6.7, que abrirá outra caixa de diálogo chamada *Create Render Node*.

Figura 6.7 - **À esquerda, ícone que abre o *Create Render Node*; à direita, exemplo de configuração**

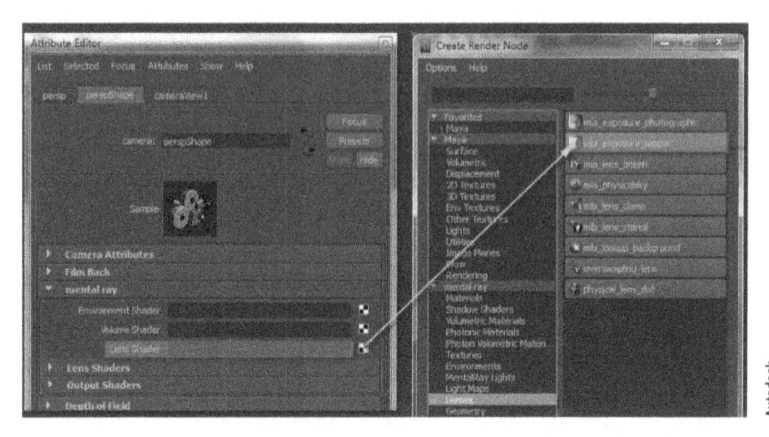

Existem inúmeras possibilidades de configurações, e é recomendável para iniciantes a execução de alguns testes. No exemplo, utilizamos a opção *mia_exposure_simple*, pois apresenta configurações simples. A outra opção, *mia_exposure_photographic* tem configurações mais avançadas, que se assemelham aos parâmetros de uma câmera real, controlando a exposição da luz na imagem, com mais precisão para escurecer, clarear e contrastar. Configurando minuciosamente todos os detalhes possíveis nos *softwares* de modelagem 3D, é possível chegar a uma iluminação realística. No Maya, é possível até mesmo ter controle preciso do gama, por meio da caixa de diálogo *Create Render Node*, como vemos na Figura 6.8.

Figura 6.8 - **À esquerda, caixa de diálogo *Create Render Node*, à direita, destaque a uma configuração**

A caixa de diálogo *Create Render Node*, depois que se seleciona uma opção, permite um controle preciso e avançado através da caixa de diálogo *Attibute Editor*, na qual é possível controlar de maneira precisa o valor do gama.

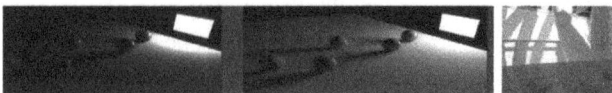

Figura 6.9 - **Três etapas do desenvolvimento de um projeto de cenário**

A Figura 6.9 mostra um comparativo entre as etapas do desenvolvimento de um projeto de um cenário: a primeira é simplesmente o cenário com os objetos modelados; a segunda já está com a primeira correção de gama, e a terceira está com todas as configurações de iluminação, aplicação de texturas e destaque para as sombras. A maioria dos *softwares* de modelagem e criação de animação em três dimensões conta com várias opções de configurações; aqui foram apresentados apenas algumas. Logicamente, para cada projeto, é necessário o aprofundamento do conhecimento, e a melhor maneira é praticando. Portanto, comece desenvolvendo cenários mais simples e depois prossiga para os mais complexos.

6.2.1 Elementos do *design* de ambientes para os jogos

Os elementos do *design* de ambientes para os jogos são os objetos que compõem os cenários. A maneira mais fácil de criar objetos em um *software* de modelagem em 3D é iniciar de uma forma geométrica, como cubo, esfera, cone ou cilindro. Para modelar personagens, animais ou rostos, por exemplo, pode-se partir da forma da face de um macaco – formas são conhecidas como tipos primitivos 3D ou malhas primitivas. A utilização dos tipos primitivos traz agilidade no processo de modelagem por não ser necessário iniciar do zero, otimizando o tempo do desenvolvimento da modelagem.

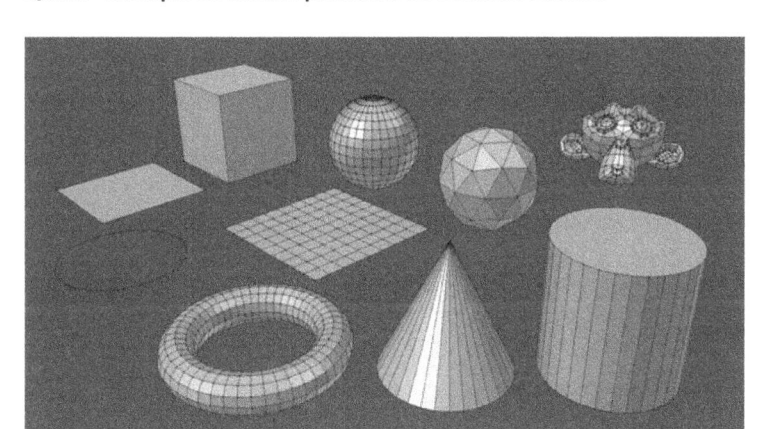

Figura 6.10 – **Exemplo de malhas primitivas no *software* Blender**

A maioria dos *softwares* de modelagem tem os objetos tridimensionais primitivos já definidos, sendo somente necessário arrastá-los para a área de edição, a fim de iniciar sua modificação e modelar conforme as necessidades. Por exemplo, para modelar um copo, a figura geométrica que mais se aproxima é o cilindro; basta então arrastar essa forma para a área de edição, em seguida, modelar a parte interna do copo que vai receber o líquido – nos *softwares* de modelagem 3D, esse recurso é conhecido como *extrusão*. Para aplicá-la na modelagem de um copo, por exemplo, depois de inserir um cilindro na área de edição, no *software* Blender, basta primeiramente entrar no modo de edição, após o de *wireframe*, e selecionar por vértices, conforme indicado pelas três setas na próxima figura.

Figura 6.11 - **Exemplo de modo de edição de vértices no *software* Blender**

Depois dos três modos selecionados, pressione a tecla B, selecione todos os vértices superiores, como mostra o destaque na Figura 6.11. Após esse procedimento, utilize a ferramenta chamada *extrusão*, cujo atalho é a tecla E. Depois arraste o *mouse* suavemente para frente; caso fique torto, aperte a tecla "Z" ou "Y" para travar o eixo no momento da edição. Esse processo de modelagem no *software* Blender deve apresentar um resultado semelhante ao da Figura 6.12, a seguir.

Figura 6.12 – **Exemplo de modelagem de um copo a partir de um cilindro no *software* Blender**

A partir da modelagem do tipo primitivo de um cilindro, é possível inserir outros elementos, como uma alça, transformando esse objeto em uma caneca ou xícara, por exemplo, aprimorando aos poucos o desenho, e posteriormente até inserindo cores e texturas para tornar mais realista a modelagem. Com o conhecimento dos comandos básicos, é possível executar determinados processos de modelagem, levando em consideração que os objetos em 3D são compostos por malhas. Com a edição e a manipulação dessa malha, os objetos tomam forma; no caso do exemplo de modelagem de um copo ou uma caneca, a partir do processo de extrusão executado para abrir o espaço para receber o líquido do objeto. O próximo passo é inserir as alças, e para executar essa ação no Blender, convém lembrar que os três modos devem estar selecionados, como mostra a Figura 6.11. Após a seleção dos três modos na malha do objeto, é necessário selecionar dois quadrados e, para isso, basta pressionar a tecla SHIFT e clicar com o botão direito do *mouse*. Em seguida, para puxar as alças, pressione a letra G ou E sem movimentar o *mouse*. Depois aperte a tecla X; somente após esse procedimento, é necessário movimentar o *mouse* e criar a alça.

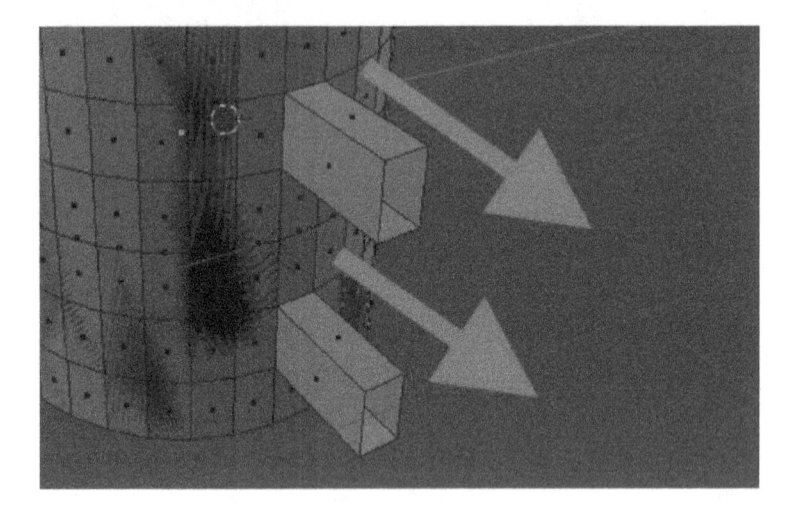

Figura 6.13 – **Exemplo de edição de malha a partir de um cilindro no *software* Blender**

A partir desse momento da modelagem, a alça está praticamente pronta, muito semelhante à de uma caneca real, mas ainda é necessário fechar e deixar os cantos arredondados como as canecas ou xícaras reais. Para fechar a aresta superior com a aresta inferior, basta pressionar a tecla F, e elas se ligarão com a aresta correspondente, conforme apresentado na figura a seguir.

Figura 6.14 – **Ícone que deve ser clicado para ligar arestas no *software* Blender**

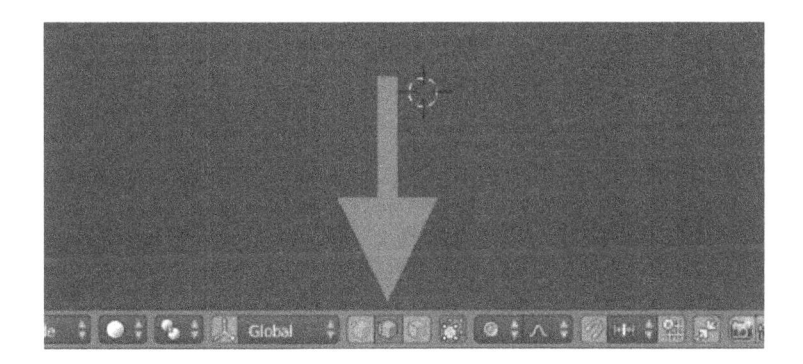

Executando essas ações, as extremidades ficam quadradas, e no Blender, para deixar os cantos arredondados, é necessário aplicar um recurso chamado *Subdivision Surface*. Para isso, na barra de ferramentas, à direita, deve-se ajustar a opção *View* e *Render* para 2 ou 3, conforme destacado na figura a seguir.

Figura 6.15 – **Configuração para criar cantos arredondados no *software* Blender**

Depois de deixar os cantos arredondados, a modelagem está bem mais próxima do desenho de uma xícara. Ao inserir outros elementos de texturas, cores e iluminação, o objeto torna-se mais próximo do real.

6.3 Processos de modelagem dos elementos do *design* de ambientes

Os processos de modelagem são variados e apresentam diversos tipos e diferentes níveis de controle. O mais conhecido é a modelagem por subdivisão, elaborada a partir da edição de primitivas geométricas para obter elementos complexos.

O processo de *Edge Modeling* é uma derivação da técnica dos tipos primitivos, que seria a manipulação apenas das arestas dos objetos em 3D com extrusão e cortes para criar a geometria. Essa técnica permite que modelos bastante realistas sejam obtidos, mas com um nível de dificuldade grande, não sendo indicado para estudantes e profissionais iniciantes. Para estes, recomenda-se a técnica derivada conhecida como *Box Modeling*, considerada o passo inicial para a compreensão dos processos de modelagem e utilização da técnica do *Edge Modeling*.

O processo de modelagem, a partir de um *box,* é fácil de se elaborar, pois compreende somente a edição de uma figura geométrica, como um cubo, que pode adicionar diversas divisões, as quais podem ser deformadas e transformar algumas faces por meio de várias técnicas como a extrusão.

A técnica *Box Modeling* pode ser aplicada não somente a partir da figura geométrica do cubo, mas de quaisquer sólidos primitivos, como esfera, cilindro, entre outros, e o processo de modelagem inicia com a edição das faces, originando outras faces necessárias para a construção da forma que será modelada. As manipulações são desenvolvidas através da edição dos vértices, arestas, faces, por meio de extrusões, chanfros, soldagens, cortes, intercaladas por movimentações, rotações e escalonamento desses elementos, conforme mostra a Figura 6.16.

Figura 6.16 – **Etapas de construção de uma tampa de garrafa utilizando a técnica *Box Modeling* (Blender)**

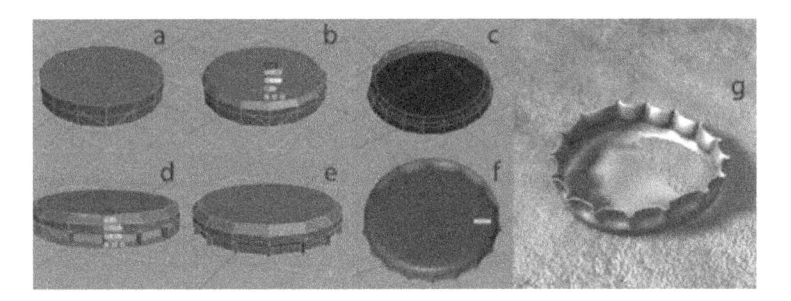

Para transformar a figura geométrica de um cilindro em uma tampa de garrafa, foi aplicado o chanfro em uma das bordas, como apresenta a Figura 6.16b; o cilindro foi invertido para apagar a face inferior, como mostra a Figura 6.16c. Também foi executada extrusão negativa de faces laterais inferiores, acompanhada de um chanfro, como apresenta a Figura 6.16d; depois foram apagadas as faces inferiores, e inserida a espessura ao elemento, como apresenta a Figura 6.16f; para finalizar, acrescentou-se materiais e iluminação, conforme mostra a Figura 6.16g.

O método *Box Modeling* pode ser aplicado nos principais *softwares* de modelagem em 3D. Em alguns casos, é a única opção de construção ao lado das operações booleanas. Para entender melhor essas operações nas modelagens em três dimensões, digamos que são ações de união, interseção ou criadoras de novos modelos, ou seja, a forma de representar através de pontos faz com que as operações booleanas sejam efetuadas com simplicidade. Comparando-se com outros tipos de representação, normalmente utilizam essa técnica para modelar objetos com método orgânico, sem a preocupação com a escala precisa da modelagem.

Utilizando o método de *Box Modeling* para modelagem orgânica, as referências são imagens ou desenhos técnicos importados que são posicionados atrás da figura geométrica que será modelada, simulando vistas possíveis para facilitar a modelagem. A figura a seguir apresenta a posição de dois planos e o processo de modelar o tronco de uma figura humana utilizando a referida técnica.

Figura 6.17 – **Exemplo de modelagem orgânica utilizando um desenho como referência**

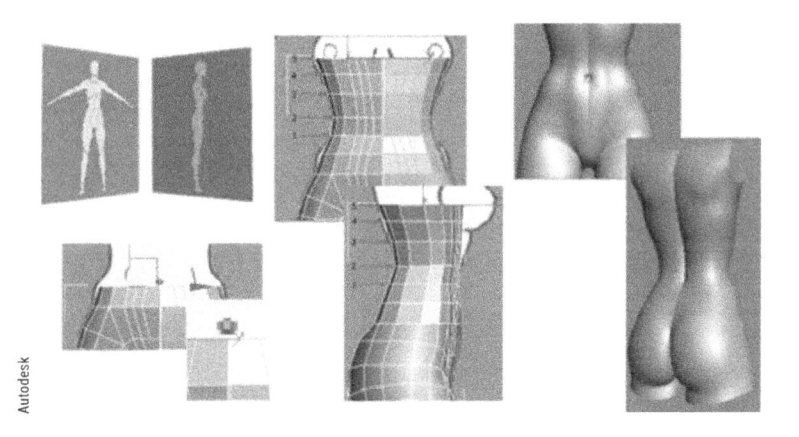

Quando a modelagem é de um objeto que tem simetria, na maioria dos *softwares* não é necessário modelar os dois lados, como acontece quando modelamos uma figura humana, o que otimiza o trabalho, pois as ferramentas permitem desenvolver uma versão oposta totalmente idêntica à que foi modelada. Na modelagem utilizando um box como referência, não é possível formar faces poligonais curvas, pois as curvas das superfícies têm exatamente a mesma proporção dos números de faces que foram construídas, o que dificulta a edição da malha tridimensional. Dessa maneira, a edição de um objeto que tem muitas faces é dificultosa, uma vez que cada alteração resultará em um grande número de modificações em cada face. Por essa razão, os *softwares* de modelagens criaram vários algoritmos para suavizar a superfície, utilizando princípios de subdivisão das faces e a efetuando de maneira automática, com vistas a atenuar os ângulos mais intensos. Esse método é utilizado como a última fase para finalizar e dar acabamento a uma modelagem, conforme observamos na Figura 6.18, a seguir.

Figura 6.18 – **À esquerda, modelagem original; à direita, com aplicação do efeito de subdivisão**

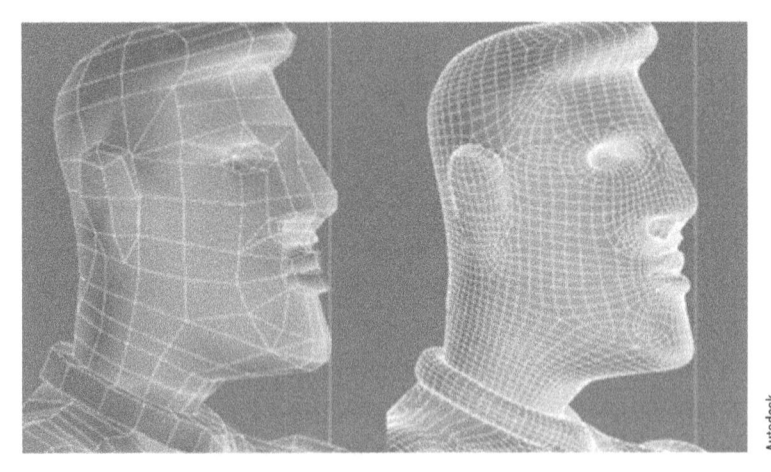

Um dos benefícios de utilizar essa técnica é a possibilidade de modelar quaisquer tipos de objetos, mas, por ser um processo automatizado, o resultado não é totalmente controlável. Indica-se aplicar o efeito gradualmente, contudo, para modelagem que exija um escalonamento preciso e que se chegue às alterações efetuadas em um sólido, atingindo o resultado de uma modelagem satisfatória, é necessário um tempo maior.

Para que um objeto tenha características reais, é necessário, além da preocupação com a iluminação, a aplicação de materiais, ou seja, as texturas que se aproximam da realidade daquele objeto. Na maioria dos *softwares* de desenvolvimento de modelos tridimensionais, após modelada a forma para aplicar materiais, basta clicar com o botão direito no objeto, depois selecionar a opção de adicionar material. Caso se utilize o *software* Maya, a opção *Material Attributes* abre a caixa de diálogo *Attribute Editor*, na qual são configurados os atributos que serão aplicados ao material da superfície.

No *Attribute Editor*, é possível alterar a transparência (*transparency*), que modifica a intensidade de transparência da superfície do objeto – quanto maior o valor, mais transparência será aplicada. Nos parâmetros de *ambient color*, em português "cor ambiente", deve-se ter cuidado; é recomendável fazer testes, pois esse recurso contrasta a coloração do ambiente, ou seja, em alguns casos, altera a cor do próprio objeto de outros. Se, no momento da renderização, forem encontrados erros de cores, recomenda-se verificar as configurações desse parâmetro, como mostramos na Figura 6.19, a seguir.

Figura 6.19 – **À esquerda, modo de acesso à caixa da função *Attibute Editor*; à direita, os recursos abertos**

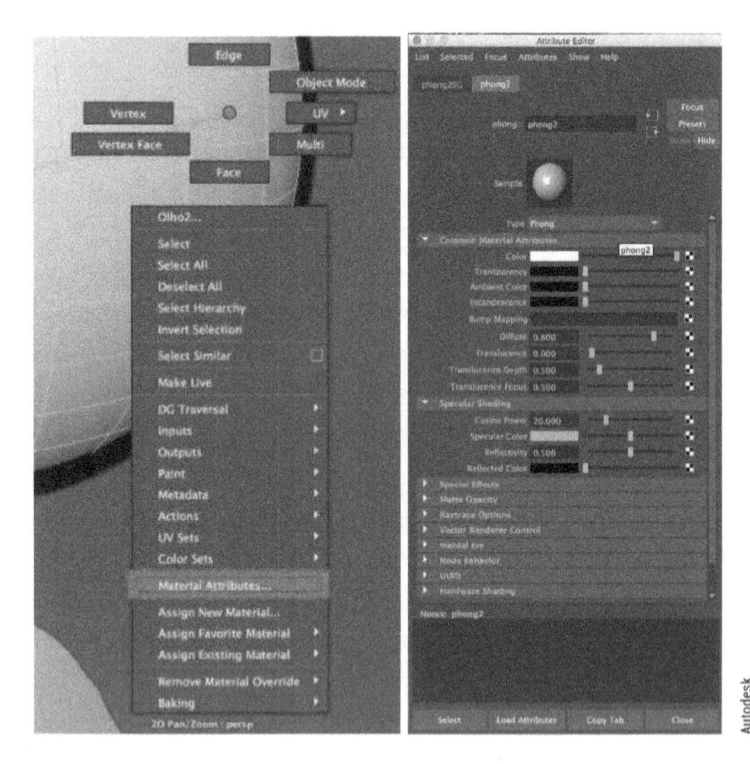

Fonte: Maya.

Na caixa de diálogo anterior, é importante destacar os parâmetros da difusão (*diffuse*), em que se configura a intensidade com que a luz vai refletir sobre o objeto. Em outras palavras, é a sensação de aspecto menos pálido ou mais pálido na superfície do objeto aplicado. No *Attribute Editor*, é possível observar grande diversidade de configurações que podem ser executadas para personalizar a superfície de um objeto. É importante testar aos poucos para ter familiaridade com as opções.

6.4 Movimentação de personagens no ambiente para jogos

No *design* de ambientes para jogos, é importante ter algum conhecimento sobre animação para jogos, especificamente em 3D, além de aspectos da volumetria, que acrescentam mais realidade aos movimentos dos personagens e dos objetos. Nos jogos tridimensionais, diferentemente dos desenvolvidos em 2D, utilizam-se recursos de movimentos de câmera produzidos pela própria animação; nos jogos 3D, os recursos de câmeras são desenvolvidos pelo sistema do jogo conforme a interação do jogador, aumentando as possibilidades de enquadramentos e ângulos.

Mostraremos os procedimentos considerados padrão de grande parte dos programas tanto de animação quanto de manipulação em 3D, especificamente para que a elaboração dos movimentos seja de objetos animados, como também logicamente de personagens. É importante salientar que, de acordo com cada programa, é possível ocorrer variações de procedimentos, mas dificilmente os conceitos mudam. Para entender melhor, começaremos com a exemplificação da animação de um dos membros, mas especificamente um braço de determinado personagem. Para iniciar tal animação, é recomendado posicionar o personagem de modo que facilite a seleção dos ossos que terão movimentos, a posição que recebe o nome de T, cujos personagens estão com os braços esticados, pernas juntas e o tronco ereto, formando assim uma posição similar à letra T em maiúscula.

Com o personagem na posição ideal, acrescente as chaves, as quais têm princípios semelhantes aos dos quadros-chave da animação 2D, que servem como referência, ou seja, que serve como direção de um osso, como sua rotação, sua localização e seu tamanho. De um maneira geral, só deve-se adicionar as chaves para os ossos que realmente vão executar algum movimento. Depois de adicionadas as chaves e selecionados todos os ossos que vão fazer parte do movimento, essas informações são mostradas em uma linha de animação, também conhecidas como *canais*. Alguns *softwares* têm janela para esses recursos, em que aparece o nome que corresponde a um osso do esqueleto selecionado. Por isso, ressaltamos a importância de nomear os ossos quando se está inserindo o esqueleto do personagem. Cada linha, ou canal, está ligado a um osso e, no momento em que se seleciona o osso, a linha correspondente fica selecionada.

Na Figura 6.20, à esquerda, vemos as linhas ou canais de animação horizontalmente e, verticalmente, os quadros de movimentação do personagem. Observe que, no terceiro quadro, há pontos amarelos que correspondem às chaves da animação; à direita, note que foi inserida uma nova chave no quinto quadro, na qual será realizada mais uma movimentação de um osso.

Figura 6.20 – **Linha ou canal de animação e inserção de quadros-chaves (Blender)**

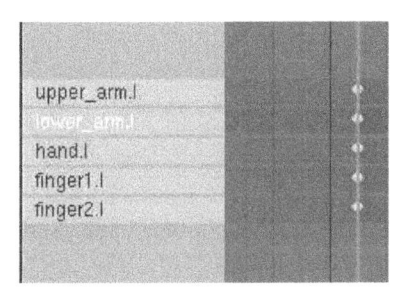

```
upper_arm.l
lower_arm.l
hand.l
finger1.l
finger2.l
```

A partir desse conceito, quando o objetivo é criar movimentos em personagens nos quais foram modelados em 3D, que serão aplicados em projetos de jogos digitais, é preciso que seja executada uma estrutura de esqueleto, para que, assim, um personagem ou objeto animado possa executar movimentação, e o primeiro procedimento para isso é a criação de uma nova ação. Para facilitar a criação do movimento, o posicionamento da câmera, ou seja, da vista, deve ser na lateral; depois, é preciso movimentar os ossos para uma posição desejada – um exemplo é o personagem dobrando levemente as pernas. Partindo desse princípio, os movimentos dos ossos devem ter como objetivo a simulação do ato de andar. Se observamos a caminhada dos seres humanos, normalmente quando as pessoas andam, movimentam os braços, por isso, para passar naturalidade do movimento, caso seja o objetivo do projeto, deve-se considerar não apenas os movimentos dos ossos dos membros inferiores, ou seja, das pernas, mas também dos membros superiores, os braços.

Simultaneamente ao planejamento dos movimentos dos membros inferiores e superiores, é importante dedicação aos movimentos da face do personagem. Nas situações em que os personagens falam, é importante o planejamento para sincronizar os lábios dos personagens com o áudio e a dedicação à modelagem das expressões faciais que são apresentadas pela boca. Quando não for usada uma figura ou um desenho como base para a modelagem da boca, indicado inicialmente elaborar rascunhos, mas cada profissional de modelagem elabora seus métodos, não existem padrões para execução dessa etapa.

Figura 6.21 - **Modelagem de um rosto de personagem**

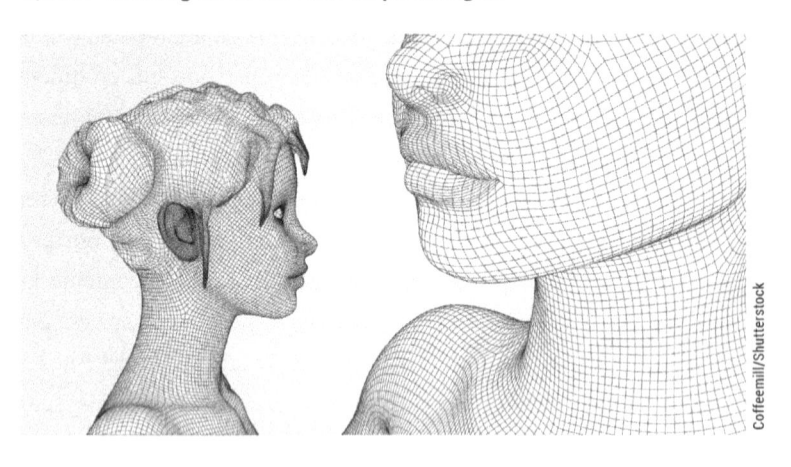

O próximo passo é estruturar a boca, e nessa etapa podem ser utilizadas as técnicas do *Edge Loop*. Se for necessário, faça alguns ajustes e retire algum vértice, de modo a refinar a modelagem.

Selecionando, editando e moldando os vértices na malha dos polígonos, o desenho inicial vai tomando a forma de uma boca real. Nesse momento, com a modelagem, as características do personagem vão ficando mais pessoais, pois cada animador ou profissional as desenvolve de uma forma diferente.

É importante salientar que, diferentemente de outras estruturas que formam um objeto animado ou personagem em que podem ser usados chaves para indicar o posicionamento dos ossos, na modelagem de uma face, e especificamente de uma boca, sua estrutura é feita de vértices. Assim, uma das maneiras de animar expressões faciais é utilizando o recurso que permite a determinação dos *shape keys,* que facilitam o posicionamento dos vértices. A seguir, vejamos alguns exemplos em que podem ser determinadas algumas *shape keys* básicas:

- abertura e fechamento da boca;
- posicionamento das sobrancelhas para baixo ou para cima;
- fechar e abrir dos olhos;
- movimentação da bochecha para simular um sorriso; entre outros.

As *Shape Keys* permitem o uso simultâneo de várias animações da face, tornando mais simples o processo de sincronizar os lábios com o áudio que deve ser pronunciado por um personagem, por exemplo. Assim, é importante dedicação nessa etapa, pois é um processo complexo, levando, assim, tempo para que possa ser executado e finalizado.

Figura 6.22 – **Quando o personagem é humanoide, deve-se atentar aos mínimos detalhes em uma modelagem**

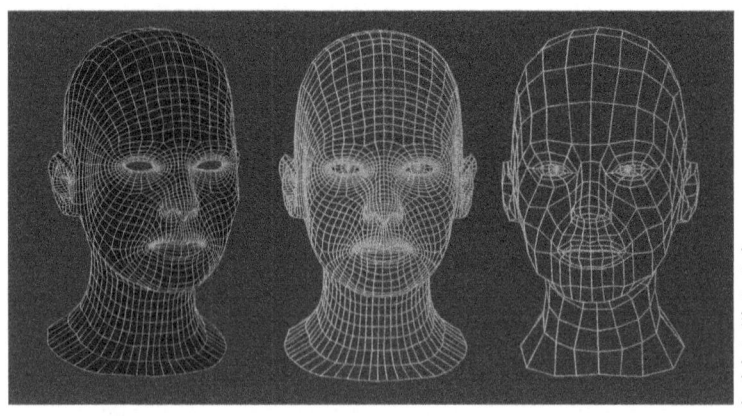

local_doctor/Shutterstock

No desenvolvimento de uma *Shape Key* para animação de uma boca, é importante salientar que, como essa animação não se dá por ossos, as malhas dos polígonos devem ser selecionadas para fazer as movimentações. Nos diversos tipos de animações no qual o *rigging* pode ser aplicado, como em um jogo eletrônico, a preocupação do profissional responsável pela animação vai além de apenas procurar os movimentos perfeitos para representar as ações dos personagens. O animador precisa se atentar às expressões faciais e elaborar um estudo mais aprofundado, principalmente se a animação for para um jogo, pois, no momento da interação do jogador, o personagem deve apresentar interações condizentes àquela que foi empregada. Em um jogo, as ações não são previsíveis e há inúmeras possibilidades de interações. Para isso, o animador precisa planejar como essas interações refletirão nas animações dos movimentos e das expressões faciais, visando passar a melhor sensação de naturalidade possível.

Recomendamos aos profissionais responsáveis pela animação e modelagens que vão trabalhar com *level design* que tenham conhecimentos avançados dos princípios de animação e também do contexto do jogo que vai executar as animações. Com um aprofundamento da história, dos objetivos, das referências e de todas as informações possíveis sobre o projeto, é possível executar uma animação minuciosa. Conhecimentos avançados da anatomia do corpo em movimento e das técnicas de atuação usadas por atores na representação de um personagem também são relevantes e essenciais, facilitando a estruturação da animação, além de auxiliar na definição de padrões de regras de expressões facial. No uso das expressões no momento das animações dos movimentos faciais, é importante considerar que o movimento labial ocorre de acordo com a sílaba que está sendo pronunciada e, assim, interfere nas expressões do rosto. Todos esses conhecimentos são fundamentais para que as animações das expressões faciais do personagem sejam naturais.

Na movimentação de personagens no ambiente para jogos, é essencial conhecer os conceitos de customização de controles, **texturas e objetos**. Os controles nos *games* de consoles são os periféricos conhecidos como *joysticks,* usados para interagir nos jogos. Esses dispositivos podem ser utilizados em computadores e *notebooks*, mas em geral os jogos nesses meios são controlados pelo *mouse* ou pelo teclado. Já nos dispositivos móveis, a utilização de periféricos quase não existe, assim no desenvolvimento de *level design* para *mobile*, é necessário pensar em como serão os conceitos de customização de controles, que abrangem a definição da localização dos botões na interface, e analisar quais recursos dos dispositivos móveis podem ser utilizados no controle um jogo, entre outras considerações, e como será a movimentação dos personagens no ambiente do jogo.

Os sensores de movimento, entre outros recursos dos dispositivos móveis, podem ser usados para a customização de controles, mas é preciso levar em consideração o conforto do jogador e sua experiência no momento de execução do *game*. Em um jogo de corrida, por exemplo, é comum utilizar os sensores que identificam a inclinação do *smartphone* ou *tablet* como controle, ou seja, quando está inclinado para direita, é efetuada uma curva nessa direção, por exemplo.

Quando o *game* é de longa duração e executado em um dispositivo móvel, podendo durar bastante tempo, é importante estudar ainda mais as tecnologias disponíveis desses dispositivos, com o objetivo de propor melhor conforto e experiência para o jogador. Deve-se também prever que o *game* pode ser executado em diferentes ambientes com os quais o jogador, às vezes, não tem familiaridade, por exemplo, uma fila, em que se faz necessário prestar atenção no jogo e no que acontece no ambiente em si. É preciso considerar o conforto da posição na qual o jogador está executando o *game*, podendo ser em pé ou sentado. Estudos técnicos relatam que uma pessoa, após ficar 15 minutos em pé sem apoiar sua coluna, geralmente começa a ficar cansada e desconfortável; e é importante considerar esse tempo no *level design*. Todas essas informações são fundamentais, a fim de não passar a sensação de que o jogo é desgastante, mas sim a maneira que o *game* está sendo executado.

É importante conhecer e estudar tanto as tecnologias dos dispositivos móveis consideradas padrão quanto as que estão disponíveis em apenas alguns modelos de *smartphones* e *tablets*. Alguns recursos desses dispositivos originalmente são utilizados para outras funções, por exemplo, em alguns dispositivos, para atender a uma ligação, basta que o usuário movimentasse o aparelho rapidamente de um lado para o outro, utilizando os sensores de movimento. E em alguns casos, apesar de demandar investimento maior, talvez seja necessário desenvolver versões de *games* específicas para determinado tipo de aparelho. Contudo, deve-se realizar um estudo mais aprofundado de mercado para se confirmar o retorno desse investimento.

Além da customização de controles, no desenvolvimento de *level design,* é importante considerar as texturas, as imagens aplicadas nos personagens, os cenários, os objetos, enfim, todos os elementos dos jogos. As texturas tornam os *games* mais realísticos, pois procuram ser similares aos elementos que representam, utilizando os atributos de cores, sombras, relevos etc. As texturas garantem a qualidade dos gráficos que são apresentados nos *games*; se for utilizada textura de baixa qualidade, isso pode resultar em gráficos com irregularidades, tornando difícil a compreensão do elemento representado. Nos *games mobile*, deve-se ter cuidado na aplicação das texturas, a fim de se evitar que o tamanho do *game* seja pesado, o que deixaria sua execução lenta também no momento em que se fizer o *download* para o dispositivo móvel.

Os objetos também são elementos importantes no desenvolvimento de *games*. Schell (2010) aponta que são equivalentes aos substantivos das mecânicas de jogos. Dessa maneira, entra na categoria de objetos tudo o que o jogador pode visualizar e interagir no ambiente virtual do *game*. Deve-se considerar que cada objeto adicionado em um *game* vai conter algum tipo de atributos, desde informações complexas até um simples dado de onde está localizado esse objeto no ambiente virtual. Os objetos podem ter atributos estáticos, como uma textura ou cor fixa, que durante toda a execução do *game*, vai se manter da mesma maneira, e também ser dinâmicos. Por exemplo, um jogo de xadrez cuja rainha pode ter a mesma habilidade de todas as outras peças do tabuleiro.

6.5 Definição das fases de um jogo

Os conteúdos apresentados nesta obra têm o objetivo de proporcionar o conhecimento para estabelecer as fases em um jogo; é uma atividade que resulta de muito planejamento para evitar frustrações ao jogador em todas as etapas do jogo. No começo da jornada, no início do jogo, é importante que o jogador seja direcionado ao modo como acontece o processo de mudança de fases. Imagine que um jogo foi bem planejado, mas que os jogadores abandonam por não conseguirem ultrapassar nem a primeira fase. Por isso, o processo de planejamento das mudanças de fases deve ser minucioso, bem como a interação com o público-alvo, saber qual o perfil dos jogadores e se o nível de dificuldade está de acordo em jogos considerados fáceis ou difíceis.

Respeitar as mecânicas é um dos pontos importantes para estabelecer fases de um jogo, por exemplo, quais as ações que os personagens vão executar, seja o avatar, seja de hierarquias abaixo, quais são suas habilidades, que podem ser diversas. Por exemplo, o personagem vai escalar paredes, pular, correr, lugar, como vai ser sua interação com seu opositor, ou seja, inimigos dependendo da temática do *game*, e serão as ações que ele deve tomar para poder derrotar seu opositor. Por exemplo, em jogo de corrida para ganhar, ou seja, derrotar os opositores, o personagem precisa chegar à frente, no jogo de futebol é necessário marcar o gol e vencer a partida, no jogo de luta ganhar por pontos ou por nocaute. Essas informações devem ser consideradas antes mesmo de iniciar o desenho dos mapas das fases.

Quanto mais detalhado for esse planejamento, mais subsídios para execução de um projeto com menor probabilidade de erros. Por exemplo, caso a ação do personagem seja apenas pular e tenha a capacidade para pular cinco unidades, quando chegar na fase do jogo que terá de alcançar uma plataforma que precisa alcançar dez unidades, é necessário que esse pulo seja auxiliado por algum elemento, ou seja, um fator intermediário, que podem ser escadas, molas ou outra plataforma. Os mínimos detalhes devem ser considerados, por exemplo, caso o ambiente do jogo tenha rios, lagos, mar, ou seja, elementos com água, é importante considerar que a gravidade quando o personagem estiver mergulhado na água não será a mesma quando estiver em uma superfície seca, como um solo, um barco, uma ilha, uma pedra ou quaisquer outras. Assim, a resistência dos diferentes ambientes deve ser considerada e aplicada nos movimentos dos personagens.

Os personagens devem ser construídos conforme as características dos jogos. Veja o exemplo do personagem Sonic. Dificilmente correrá em um ambiente com vários obstáculos e fechados, pois o impedirá de alcançar a super velocidade, sua principal característica. Portanto, a navegação no ambiente do jogo deve ser intuitiva. É comum as pessoas não lerem manuais e tutoriais, e com jogos não é diferente; por esse motivo, desde o início a interface do jogo deve ser intuitiva. Uma das soluções aplicadas é a entrada de um personagem em cena pausando o jogo, explicando as ações que devem ser executadas, dependendo da dinâmica do jogo, a fluidez pode ser comprometida, a mecânica do jogo deve ser bem clara. Outros elementos são importantes para estabelecer os parâmetros de *level design*, por exemplo, uma navegação divertida, o elemento surpresa. É importante salientar que um jogo deve provocar reações ao jogador, ou seja, a emoção deve ser considerada, e, para isso, é importante que você busque conhecimento. Além do conteúdo aqui estudado, analise os jogos, procure praticar, elabore um projeto, mesmo com poucos níveis. É o momento de colocar a mão na massa!

SÍNTESE

Neste capítulo, versamos sobre o *design* de ambientes no contexto do desenvolvimento de jogos. Em um breve panorama histórico, explicamos a evolução das soluções visuais e gráficas utilizadas em computadores. Em seguida, tratamos da criação dos cenários de jogos, destacando os principais elementos que os profissionais envolvidos no *design* de ambientes devem considerar, bem como as técnicas necessárias ao desenvolvimento de cenários virtuais.

CONSIDERAÇÕES FINAIS

Nesta obra, foi possível conhecer melhor o *level design*. Tratamos da noção de motores de jogos, trazendo conhecimentos práticos de funcionamento de *game engines*, além de ferramentas, exemplos de aplicações, modelos de jogos criados a partir de *level design* e *game engines*.

Isso vai auxiliar você a consolidar os conhecimentos fundamentais sobre *level design*, *game engine* e aplicá-los em quaisquer projetos de jogos, em diferentes plataformas, tanto para *game mobile* quanto para dispositivos móveis como *smartphones* e *tablets*, bem como em outras plataformas que podem ser consideradas tradicionais, como o console.

Também vimos a introdução ao *level design*, ao profissional *level designer*, os clássicos do *level design*, a história do jogo em níveis, objetivos e metas, duração e quantidade de níveis, relações entre os níveis e progressão da dificuldade. Além disso, abordamos os assuntos sobre intervalos de tempo do *game*, editores de níveis, *game design document*, conceitos fundamentais para o *design* de níveis e de interatividade, aspectos da imersão, jogabilidade (*gameplay*), fluxo do jogo (*gameflow*).

As interfaces para *games* também foram discutidas, o que é interface para *games*, como também em relação às entradas e saídas de informação, *design* centrado no jogador, informações e ações das interfaces para *games*.

As principais características técnicas do desenvolvimento de *games mobile* e de *level design* são temas importantes para os profissionais da área, por isso apresentamos, nesta obra, a distribuição de jogos para Android e IOS, o desempenho e os tamanhos de tela de *games mobile*, a definição de motores de jogos, o funcionamento de *engines, as* principais motores de jogo, as ferramentas e aplicações de *engines* com exemplos, mas com foco específico para *level design*.

Para finalizar, analisamos os modelos de jogos criados a partir de *engines,* as características básicas dos *games*, a definição de *game* e de gamificação, o *design* de *games, flow,* interatividade e engajamento, a gamificação com o GeoGebra, os *games* pedagógicos, os *games* comerciais e a gamificação com o Scratch.

Referências

AZEVEDO, E. (Coord.). **Desenvolvimento de jogos 3D e aplicações em realidade virtual**. Rio de Janeiro: Elsevier, 2005.

BREYER, F. B. et al. **Definição de métodos de acompanhamento de qualidade para Game Design**. UFPF, [s. d.]. Disponível em: <www.cin.ufpe.br/~sbgames/proceedings/aprovados/23634.pdf>. Acesso em: 26 dez. 2022.

BYRNE, E. **Game Level Design**. Boston: Charles River Media, 2004.

CENCI, A. V. **Aristóteles e a educação**. São Paulo: Autêntica Editora, 2012.

CONSTRUCT 3. Disponível em: <https://www.construct.net/en/make-games/manuals/construct-3>. Acesso em: 26 dez. 2022.

COUCHOT, E.; TRAMUS, M-H.; BRET, M. A segunda interatividade: em direção a novas práticas artísticas. In: DOMINGUES, D. **Arte e vida no século XXI**: tecnologia, ciência e criatividade. São Paulo: UNESP, 2003. p. 27-38.

CSIKSZENTMIHALYI, M. **Flow**: The Psychology of Optimal Experience. New York: Harper Perennial, 2007.

CUPERSCHMID, A; HILDEBRAND, H. **Heurísticas de jogabilidade**: usabilidade e entretenimento em jogos digitais. Campinas: Marketing Aumentado, 2013.

DOOM 1 – Gameplay 1080p 60 FPS. Disponível em: <https://www.youtube.com/watch?v=RO9oomga8D4>. Acesso em: 26 dez. 2022.

FIELD, S. **Manual de roteiro**: os fundamentos do texto cinematográfico. Rio de Janeiro: Objetiva, 1982.

GRAU, O. **Arte virtual**: da ilusão à imersão. São Paulo: Unesp, 2007.

GOMES, P. C. R.; PAMPLONA, V. F. **M3ge**: um motor de jogos 3D para dispositivos móveis com suporte a mobile 3D graphics. Blumenau: FURB/BCC, 2005.

GTA V - Missão 1 & 2 - Prólogo / Franklin & Lamar (Detonado 100% Ouro). Disponível em: <https://www.youtube.com/watch?v=AsTzGWH__rc&t=37s>. Acesso em: 26 dez. 2022.

HIERARQUIA de necessidades de Maslow. Disponível em: <https://pt.wikipedia.org/wiki/Hierarquia_de_necessidades_de_Maslow>. Acesso em: 26 dez. 2022.

HOUAISS, A. **Dicionário Houaiss da Língua Portuguesa**. Disponível em: <http://houaiss.uol.com.br>. Acesso em: 26 dez. 2022.

JENKINS, H. **Cultura da convergência**. São Paulo: Aleph, 2009.

JOHNSON, S. **Cultura da interface**: como o computador transforma nossa maneira de criar e comunicar. Rio de Janeiro: Zahar, 2001.

JUUL, J. The Game, the Player, the World: Looking for a Heart of Gameness. In: COPIER, M. RAESSENS, J. (Eds.). **Level Up**: Digital Games Research Conference Proceedings. Utrecht: Utrecht University, 2003. p. 30-45.

KAPP, K. **The Gamification of Learning and Instruction**: Game-based Methods and Strategies for Training and Education. [s. l.]: Pfeiffer, 2012.

LABONIA, B. **Roteirista empreendedor**: guia prático do roteiro de cinema. Recife: Belas Letras, 2015.

LAZZARO, N. **Why We Play Games**: Four Keys to More Emotion Without Story. Technical Report, XEODesign, Inc, 2005. Disponível em: <https://ubm-twvideo01.s3.amazonaws.com/o1/vault/gdc04/slides/why_we_play_games.pdf>. Acesso em: 26 dez. 2022.

MACHADO, A. Regimes de imersão e modos de agenciamento. In: CONGRESSO BRASILEIRO DE CIÊNCIAS DA COMUNICAÇÃO, 25., 2002, Salvador. **Anais**... Salvador: Sociedade Brasileira de Estudos Interdisciplinares da Comunicação, 2002.

MCGONIGAL, J. **Gaming can make a better world**. Ted, 2010. Disponível em: <https://www.ted.com/talks/jane_mcgonigal_gaming_can_make_a_better_world>. Acesso: em: 26 dez. 2022.

MLODINOW, L. **Subliminar**: como o inconsciente influencia nossas vidas. Rio de Janeiro: Zahar, 2013.

MOTTA, R.; TRIGUEIRO, J. Short game design document (SGDD): documento de game design aplicado a jogos de pequeno porte e advergames um estudo de caso do advergame Rockergirl Bikeway. In: SIMPÓSIO BRASILEIRO DE JOGOS E ENTRETENIMENTO, 12., 2013. **Anais**... São Paulo: SBGames, 2013.

MUNHOZ, D.; MUNHOZ, P. Do roteiro ao GDD: a transposição de um projeto de filme para um projeto de jogo, visando a consonância ludonarrativa. In: CONGRESSO BRASILEIRO DE CIÊNCIAS DA COMUNICAÇÃO, 40., 2017. **Anais**... Curitiba: Intercom, 2017.

MURRAY, J. **Hamlet no Holodeck**: o futuro da narrativa no ciberespaço. São Paulo: Itaú Cultural: Unesp, 2003.

MWII PC Trailer | Call of Duty: Modern Warfare II. Disponível em: <youtube.com/watch?v=9rg2veTiQTw>. Acesso em: 26 dez. 2022.

NOVAK, J. **Desenvolvimento de games**. São Paulo: Cengage Learning, 2010.

PAC-MAN – Google Play HD Trailer. Disponível em: <https://www.youtube.com/watch?v=yYAMAJSw1C8>. Acesso em: 26 dez. 2022.

PERUCIA, A. S. et al. **Desenvolvimento de jogos eletrônicos**: teoria e prática. São Paulo: Novatec, 2005.

PLATÃO. **A República**. Sao Paulo: Difusao Europeia do livro, 1965.

REIS JUNIOR, A. S.; NASSU, B. T.; JONACK, M. A. **Um estudo sobre os processos de desenvolvimento de jogos eletrônicos (Games)**. 2002. Disponível em: <https://www.ademar.org/texts/processo-desenv-games.pdf>. Acesso em: 26 dez. 2022.

ROCHA, R. et al. O desenvolvimento de um motor multiplataforma para jogos 3D. In: SIMPÓSIO BRASILEIRO DE JOGOS PARA COMPUTADOR E ENTRETENIMENTO DIGITAL–TRILHA COMPUTAÇÃO, 5., São Leopoldo, 2007. **Anais**... São Leopoldo: [s. n.], 2007.

RESNICK, M. Mother's Day, Warrior Cats, and Digital Fluency: Stories from the Scratch Online Community. In: CONSTRUCTIONISM CONFERENCE, 2012. **Anais**... Athens, 2012. Disponível em: <http://web.media.mit.edu/~mres/papers/mothers-day-warrior-cats.pdf>. Acesso em: 26 dez. 2022.

ROGERS, S. **Level UP**: um guia para o design de grandes jogos. São Paulo: Blucher, 2013.

SALEN, K; ZIMMERMAN, E. **Regras do jogo**: fundamentos do design de jogos. São Paulo: Blucher, 2012. v. 1.

SCHELL, J. **A arte de game design**: o livro original. Rio de Janeiro: Elsevier, 2010.

SCHUYTEMA, P. **Design de games**: uma abordagem prática. São Paulo: Cengage Lerning Brasil, 2008.

SUPER Mario Bros. Disponível em: <https://www.nintendo.pt/Jogos/NES/Super-Mario-Bros-803853.html>. Acesso em: 26 dez. 2022.

TORI, R. **Educação sem distância**: as tecnologias interativas na redução de distâncias em ensino e aprendizagem. São Paulo: Artesanato Educacional, 2017.

WEILLER, T. **Game Design Inteligente**: elementos de design de videogames, como funcionam e como utilizá-los dentro e fora de jogos. 156 f. Dissertação (Mestrado em Comunicação) – Escola de Comunicações e Artes (ECA), Universidade de São Paulo, São Paulo, 2012.

sobre o autor

Leandro da Conceição Cardoso é mestre em Tecnologias da Inteligência e Design Digital pela Pontifícia Universidade de São Paulo (PUCSP) e graduado em Comunicação Social com Habilitação em Design Digital. Foi docente no Centro Universitário FMU nos cursos de Design de Interiores, Artes Visuais e Fotografia e Analista de Desenvolvimento Pedagógico Sênior na Laureate EAD. Atualmente, é professor da Faculdade de Tecnologia do Estado de São Paulo (Fatec) e do Centro Estadual de Educação Tecnológica (Etec) – Centro Paula Souza – nos cursos de Comunicação Visual, Marketing, Eventos, Desenvolvimento de Sistemas, Multimídia, Audiovisual, entre outros. É um dos idealizadores da Maratona de Criação na ETEC Albert Einstein. É conteudista, validador, revisor técnico e desenvolvedor de planos de ensino para graduação e pós-graduação de empresas que prestam serviços para diversos clientes, como Centro Universitário Internacional Uninter, Universidade Positivo, Laureate EAD (FMU, Anhembi Morumbi), entre outras faculdades e universidades. Foi diretor de arte e criação de empresas diversas e hoje atua também como consultor na área de *design* gráfico e digital e *marketing* digital.

Os papéis utilizados neste livro, certificados por instituições ambientais competentes, são recicláveis, provenientes de fontes renováveis e, portanto, um meio responsável e natural de informação e conhecimento.

FSC
www.fsc.org
MISTO
Papel produzido a partir de fontes responsáveis
FSC® C103535

✻

Os livros direcionados ao campo do *design* são diagramados com famílias tipográficas históricas. Neste volume foram utilizadas a **Times** – criada em 1931 por Stanley Morrison e Victor Lardent para uso do jornal The Times of London e consagrada por ter sido, por anos, a fonte padrão do Microsoft Word – e a **Roboto** – desenhada pelo americano Christian Robertson sob encomenda da Google e lançada em 2011 no Android 4.0.

Impressão: Reproset
Março/2023